2022年

国家统一法律职业资格考试

主观题
冲刺案例分析
行政法

黄文涛◎编著

零基础开始学习
简单易懂的行政法！
黄文涛

中国政法大学出版社

2022·北京

图书在版编目（ＣＩＰ）数据

2022 年国家统一法律职业资格考试主观题冲刺案例分析. 行政法/黄文涛编著.—北京：中国政法大学出版社，2022.8
ISBN 978-7-5764-0615-3

Ⅰ.①2… Ⅱ.①黄… Ⅲ.①行政法－中国－资格考试－自学参考资料 Ⅳ.①D92

中国版本图书馆 CIP 数据核字(2022)第 137040 号

出 版 者	中国政法大学出版社
地　　　址	北京市海淀区西土城路 25 号
邮寄地址	北京 100088 信箱 8034 分箱　邮编 100088
网　　　址	http://www.cuplpress.com （网络实名：中国政法大学出版社）
电　　　话	010-58908285(总编室) 58908433 (编辑部) 58908334(邮购部)
承　　　印	固安华明印业有限公司
开　　　本	787mm×1092mm　1/16
印　　　张	3.75
字　　　数	90 千字
版　　　次	2022 年 8 月第 1 版
印　　　次	2022 年 8 月第 1 次印刷
定　　　价	39.00 元

说　明

从法律职业资格考试改革元年开始，我每年都会根据考纲的变化编写 22 道行政法主观模拟金题，供广大考生在考前进行冲刺训练，深受广大考生的认可。本书中收录了其中 10 道精选主观题模拟金题，适合行政法基础较好的考生使用。今年的完整版 22 道行政法主观模拟金题将会作为我的行政法网络直播私塾班内部资料，供行政法网络直播私塾班学员使用，私塾班详情请见我的新浪微博【@ 黄文涛的行政法】置顶帖。非私塾班的考生如果希望训练完整的 22 道行政法主观模拟金题，可以参加我和文都法考合作开设的"主观题考前冲刺带背课程"，该课程将会在今年客观题成绩出来之后、主观题考试之前启动，具体时间可以与文都法考的工作人员联系。

以往考生认真按照我的方法练习了行政法主观模拟金题后，普遍反映不再惧怕行政法主观题，而是发现行政法主观题考试性价比极高，甚至有考生在正式考试时只用了十多分钟就完成了行政法的主观题，并顺利过关。因此，只要考生们能按照我以下将要讲述的方法，脚踏实地认真练习，一定能像往届考生一样顺利过关行政法。

考生们可以采用以下方法练习本书中的行政法主观模拟金题——

第一步：找个安静的地方，先不要看任何复习资料，自己将题目做一遍。刚开始不用控制时间，以全部做完为准。多数考生刚做题时，完成一道题目的时间可能会在一个小时以上，这是很正常的。根据以往的经验，考生只要坚持多次练习，做题速度会有一个飞跃，通常只要将一道题目的完成时间训练到 30 分钟以内就可以了。

第二步：对照我的参考答案，进行校对。刚开始如果不清楚如何写作答案，可以先模仿我的参考答案写一遍，再用自己的语言写一遍。经过多道题的训练之后，一定会越来越熟练，直至不需要模仿就可以直接写作答案。

第三步：每道题目做完并校对答案之后，一定要将每道题之后所附的"重点考点"进行完整的复习。考生们可以结合之前的复习资料进行复习，也推荐大家使用我编写的《行政法冲刺背诵手册》(行政法小绿皮)进行重点考点的复习。注意，这一步非常重要，它可以使考生通过做题来巩固知识点，这是效率最高的学习方法。不同题目后面所附重点考点会有重复，这是特意设计的。因为这就能使大家在按部就班做完题后，对许多重要考点进行多次重复复习，帮助大家在不知不觉间巩固这些重点考点。

只要考生们坚持上述三个步骤，不折不扣地按照本书设计的题目顺序进行训练，就一定会在完成后发现，原来行政法主观题并不难！考生在做题过程中如果有疑问，可以在【新浪微博@ 黄文涛的行政法】置顶帖上给我留言，我会每天进行回复。

踏踏实实学习、轻轻松松过关！

黄文涛
2022 年 7 月

目 录

案例一

欧阳龙是一名货车司机，某日驾驶一辆货车运输货物时被唐城县路政执法局执法人员拦下，经过检查程序执法人员认定车货总质量超过限定的重量，属于超限运输的违法行为，决定对欧阳龙依法处以顶格罚款3万元。同时唐城县路政执法局给欧阳龙下发一份《温馨提示》，其中列明了公路货运应当遵守的相关法律规定，并指出欧阳龙今后应遵守相关货运规定，避免超限运输货物。

欧阳龙不服处罚决定，认为处罚过重，向唐城县政府申请行政复议。唐城县政府在行政复议过程中决定进行调解，但是双方没有达成调解协议。于是唐城县政府继续进行复议审查，在复议过程中依法收集补充了一些新证据后，作出维持处罚的复议决定。欧阳龙不服提起了行政诉讼。法院受理案件后认为案情简单、权利义务关系清楚、争议不大，决定适用简易程序。并且经过审理后，法院认为欧阳龙超限违法行为情节严重，仅对欧阳龙处以罚款实际上是过轻了，于是作出变更判决，判决增加吊销欧阳龙的驾驶执照的处罚。欧阳龙不服一审判决，提出上诉，但没有提出新的证据。二审法院经过审理认定一审判决违法，原行政处罚决定也违法，于是判决欧阳龙胜诉。

欧阳龙胜诉后不再从事货运业务，回到自己的家乡宋城县开了一家餐馆。在经营餐馆的过程中，欧阳龙为了降低成本，违法使用地沟油被宋城县市场监管局执法人员发现，执法人员依据《行政处罚法》当场对餐馆罚款1万元并当场收缴。欧阳龙对行政处罚决定不服，与执法人员之一的慕容跃发生争议并动手殴打慕容跃。宋城县公安局接到报案后派警员赶到现场，欧阳龙被依法强制传唤至派出所，询问查证了24小时后，宋城县公安局作出处罚决定，罚款200元。欧阳龙接受了处罚。

依据上述案情回答以下问题：

一、根据《行政处罚法》的规定，路政执法局在作出罚款决定前，应当履行哪些主要法定程序？

二、路政执法局给欧阳龙的《温馨提示》是否属于行政诉讼的受案范围？路政执法局作出《温馨提示》的行为体现了行政处罚法中的什么原则？

三、如果欧阳龙的行为既违反了《公路法》，又违反了《道路交通安全法》，且前法设定的罚款额度更高，则应适用哪部法律对欧阳龙进行处罚？为什么？

四、唐城县政府在复议过程中是否有权进行调解，为什么？

五、唐城县政府在复议过程中依法收集补充的新证据能否作为法院审查认定处罚决定合法性的依据？为什么？

六、法院适用简易程序审理案件并作出变更判决是否合法？为什么？

七、二审法院审理案件时能否不开庭审理？审理的对象是什么？为什么？

八、宋城县市场监管局对餐馆的当场处罚是否合法？当场收缴是否合法？为什么？

九、宋城县公安局的传唤询问查证程序是否合法？宋城县公安局是否能当场作出该处罚决定？能否当场收缴罚款？为什么？

＊＊＊参考答案与重点法条＊＊＊

一、根据《行政处罚法》的规定，路政执法局在作出罚款决定前，应当履行哪些主要法定程序？

【黄文涛参考答案】

答：根据《行政处罚法》第44、45、57、58、63条的规定，路政执法局主要履行的法定程序包括——

1. 处罚决定之前，应告知欧阳龙关于行政处罚的内容、事实、理由、依据，并告知依法享有的陈述、申辩权利，还应告知其享有的申请行政复议和提起行政诉讼的救济权利。

2. 如果欧阳龙进行陈述、申辩，路政执法局应认真、充分听取意见，进行认真复核，不得因其陈述、申辩而加重处罚。

3. 由于该处罚决定属于对重大违法行为作出的较重处罚，因此路政执法局的负责人应当集体讨论决定。

4. 由于该处罚决定属于较大数额的罚款，因此路政执法局应告知欧阳龙享有申请听证的权利。

5. 路政执法局作出罚款的行政处罚决定前，还应有具备法定资格的人员进行法制审核。

【相关重点法条】

《行政处罚法》第44条规定："行政机关在作出行政处罚决定之前，应当告知当事人拟作出的行政处罚内容及事实、理由、依据，并告知当事人依法享有的陈述、申辩、要求听证等权利。"

《行政处罚法》第45条规定："当事人有权进行陈述和申辩。行政机关必须充分听取当事人的意见，对当事人提出的事实、理由和证据，应当进行复核；当事人提出的事实、理由或者证据成立的，行政机关应当采纳。行政机关不得因当事人陈述、申辩而给予更重的处罚。"

《行政处罚法》第57条第2款规定："对情节复杂或者重大违法行为给予行政处罚，行政机关负责人应当集体讨论决定。"

《行政处罚法》第58条规定："有下列情形之一，在行政机关负责人作出行政处罚的决定之前，应当由从事行政处罚决定法制审核的人员进行法制审核；未经法制审核或者审核未通过的，不得作出决定：（一）涉及重大公共利益的；（二）直接关系当事人或者第三人重大权益，经过听证程序的；（三）案件情况疑难复杂、涉及多个法律关系的；（四）法律、法规规定应当进行法制审核的其他情形。行政机关中初次从事行政处罚决定法制审核的人员，应当通过国家统一法律职业资格考试取得法律职业资格。"

《行政处罚法》第63条规定："行政机关拟作出下列行政处罚决定，应当告知当事人有要求听证的权利，当事人要求听证的，行政机关应当组织听证：（一）较大数额罚款；……"

二、路政执法局给欧阳龙的《温馨提示》是否属于行政诉讼的受案范围？路政执法局作出《温馨提示》的行为体现了行政处罚法中的什么原则？

【黄文涛参考答案】

答：对本题的回答如下——

第一，不属于行政诉讼的受案范围。根据最高法院2018年《行政诉讼法司法解释》第1条规定，行政指导行为不属于行政诉讼的受案范围。本案中，路政执法局作出的《温馨提示》是对欧阳龙今后进行合法货物运输行为的规劝与指导，没有对其权利义务产生变动，属于典型的行政指导行为，所以不属于行政诉讼的受案范围。

第二，体现了处罚与教育相结合的原则。根据《行政处罚法》第6条的规定，行政机关实施行政处罚，应当坚持处罚与教育相结合的原则。本案中，路政执法局在作出顶格罚款的同时，又用《温馨提示》的形式劝说欧阳龙合法运输，不要再出现类似的违法行为，这体现了在行政处罚的同时对违法行为人进行教育，要求其自觉守法，属于处罚与教育相结合原则的体现。

【相关重点法条】

最高法院2018年《行政诉讼法司法解释》第1条规定："公民、法人或者其他组织对行政机关及其工作人员的行政行为不服，依法提起诉讼的，属于人民法院行政诉讼的受案范围。下列行为不属于人民法院行政诉讼的受案范围：……（三）行政指导行为；……"

《行政处罚法》第6条规定："实施行政处罚，纠正违法行为，应当坚持处罚与教育相结合，教育公民、法人或者其他组织自觉守法。"

三、如果欧阳龙的行为既违反了《公路法》，又违反了《道路交通安全法》，且前法设定的罚款额度更高，则应适用哪部法律对欧阳龙进行处罚？为什么？

【黄文涛参考答案】

答：应当适用《公路法》进行处罚。

根据《行政处罚法》第29条规定，当事人同一个违法行为违反多个法律规范应当给予罚款处罚的，按照罚款数额高的规定处罚。本案中，如果欧阳龙同一个违法行为既违反《公路法》，又违反《道路交通安全法》，则应适用罚款数额更高的《公路法》进行处罚。

【相关重点法条】

《行政处罚法》第29条规定："对当事人的同一个违法行为，不得给予两次以上罚款的行政处罚。同一个违法行为违反多个法律规范应当给予罚款处罚的，按照罚款数额高的规定处罚。"

四、唐城县政府在复议过程中是否有权进行调解，为什么？

【黄文涛参考答案】

答：有权进行调解。

根据《行政复议法实施条例》第50条第1款的规定，行政复议中复议机关有权对当事人之间就法律、法规规定的自由裁量权争议进行调解。本案中，欧阳龙对路政执法局作出的顶格处罚不服，认为处罚过重，属于自由裁量权的争议，因此复议机关有权依法进行调解。

【相关重点法条】

《行政复议法实施条例》第50条第1款规定："有下列情形之一的，行政复议机关可以按照自愿、合法的原则进行调解：（一）公民、法人或者其他组织对行政机关行使法律、法规规定的自由裁量权作出的具体行政行为不服申请行政复议的；……"。

五、唐城县政府在复议过程中依法收集补充的新证据能否作为法院审查认定处罚决定合法性的依据？为什么？

【黄文涛参考答案】

答：这些新证据可以作为法院认定处罚决定合法性的依据。

根据最高法院2018年《行政诉讼法司法解释》第135条第3款规定，复议机关作共同被告的案件，复议机关在复议程序中依法收集和补充的证据，可以作为法院认定原行政行为合法的依据。本案中，复议机关唐城县政府维持了原处罚决定，此时起诉时应该以唐城县路政执法局和唐城县政府作为共同被告，依据上述司法解释的规定，作为复议机关的唐城县政府在复议程序中依法收集补充的证据能够作为法院认定原处罚决定合法性的依据。

【相关重点法条】

最高法院 2018 年《行政诉讼法司法解释》第 135 条第 3 款："复议机关作共同被告的案件，复议机关在复议程序中依法收集和补充的证据，可以作为人民法院认定复议决定和原行政行为合法的依据。"

六、法院适用简易程序审理案件并作出变更判决是否合法？为什么？

【黄文涛参考答案】

答：对本题的回答如下——

第一，法院适用简易程序审理案件是违法的。根据《行政诉讼法》第 82 条第 1 款规定，只有对于被诉行政行为依法当场作出、涉案金额 2000 元以下和政府信息公开案件，法院才能依法主动决定适用简易程序。本案中，路政执法局对欧阳龙处以顶格处罚，数额较大，并不属于法院有权主动决定适用简易程序的案件，所以法院适用简易程序审理是违法的。

第二，法院的变更判决违法。根据《行政诉讼法》第 77 条第 2 款规定，法院作出变更判决时，不能加重原告义务。本案中，法院将原来的罚款变更为罚款与吊销的处罚，就属于加重了原告的义务，违反法律的规定。

【相关重点法条】

《行政诉讼法》第 82 条第 1 款规定："人民法院审理下列第一审行政案件，认为事实清楚、权利义务关系明确、争议不大的，可以适用简易程序：（一）被诉行政行为是依法当场作出的；（二）案件涉及款额二千元以下的；（三）属于政府信息公开案件的。"

《行政诉讼法》第 77 条第 2 款规定："人民法院判决变更，不得加重原告的义务或者减损原告的权益。但利害关系人同为原告，且诉讼请求相反的除外。"

七、二审法院审理案件时能否不开庭审理？审理的对象是什么？为什么？

【黄文涛参考答案】

答：对本题的回答如下——

第一，二审法院可以不开庭审理。根据《行政诉讼法》第 86 条规定，二审法院合议庭如果认为不需要开庭审理的，也可以不开庭审理。本案中，上诉人没有提出新的证据，二审法院如果认为不需要开庭审理的，有权不开庭审理。

第二，二审法院的审理对象是一审法院判决和被诉行政行为的合法性。根据《行政诉讼法》第 6 条规定，行政诉讼中法院对行政行为是否合法进行审查。同法第 87 条规定，上诉审法院应对原审法院的判决和被诉行政行为进行全面审查。本案中，二审法院就应依法对一审法院作出的变更判决，以及被诉的行政罚款行为的合法性进行全面审查。

【相关重点法条】

《行政诉讼法》第 86 条规定："人民法院对上诉案件，应当组成合议庭，开庭审理。经过阅卷、调查和询问当事人，对没有提出新的事实、证据或者理由，合议庭认为不需要开庭审理的，也可以不开庭审理。"

《行政诉讼法》第 6 条规定："人民法院审理行政案件，对行政行为是否合法进行审查。"

《行政诉讼法》第 87 条规定："人民法院审理上诉案件，应当对原审人民法院的判决、裁定和被诉行政行为进行全面审查。"

八、宋城县市场监管局对餐馆的当场处罚是否合法？当场收缴是否合法？为什么？

【黄文涛参考答案】

答：对本题的回答如下——

第一，当场处罚不合法。根据《行政处罚法》第51条规定，对组织处以3000元以下罚款才能当场作出处罚决定。本案中，宋城县市场监管局对餐馆作出的处罚是1万元，依法不能适用简易程序进行处罚。

第二，当场收缴不合法。根据《行政处罚法》第68、69条规定，对于100元以下罚款、不当场收缴事后难以执行、以及当事人主动提出的，才能当场收缴罚款。本案中，宋城县市场监管局作出1万元罚款，并不符合这三种情形，所以不能当场收缴。

【相关重点法条】

《行政处罚法》第51条规定："违法事实确凿并有法定依据，对公民处以二百元以下、对法人或者其他组织处以三千元以下罚款或者警告的行政处罚的，可以当场作出行政处罚决定。法律另有规定的，从其规定。"

《行政处罚法》第68条规定："依照本法第五十一条的规定当场作出行政处罚决定，有下列情形之一，执法人员可以当场收缴罚款：（一）依法给予一百元以下罚款的；（二）不当场收缴事后难以执行的。"

《行政处罚法》第69条规定："在边远、水上、交通不便地区，行政机关及其执法人员依照本法第五十一条、第五十七条的规定作出罚款决定后，当事人到指定的银行或者通过电子支付系统缴纳罚款确有困难，经当事人提出，行政机关及其执法人员可以当场收缴罚款。"

九、宋城县公安局的传唤询问查证程序是否合法？宋城县公安局是否能当场作出该处罚决定？能否当场收缴罚款？为什么？

【黄文涛参考答案】

答：对本题的回答如下——

第一，询问查证程序不合法。根据《治安管理处罚法》第83条规定，对治安违法行为人传唤后询问查证时间不超过8小时，可能拘留的不超过24小时。本案中，欧阳龙的治安违法行为尚未达到拘留的程度，所以询问查证时间不超过8小时。而宋城县公安局询问查证的时间超出了法定时间，所以程序是违法的。

第二，可以当场作出罚款200元的处罚决定。根据《治安管理处罚法》第100条规定，对治安违法行为人作出200元以下罚款可以当场决定。本案中，宋城县公安局对欧阳龙作出的罚款为200元，依法可以当场作出。

第三，不能当场收缴罚款。根据《治安管理处罚法》第104条规定，只有在不当场收缴事后难以执行、50元以下罚款和被处罚人主动提出等三种情形中，公安机关才能当场收缴罚款。本案中，宋城县公安局作出的罚款为200元，依法不能当场收缴。

【相关重点法条】

《治安管理处罚法》第83条规定："对违反治安管理行为人，公安机关传唤后应当及时询问查证，询问查证的时间不得超过八小时；情况复杂，依照本法规定可能适用行政拘留处罚的，询问查证的时间不得超过二十四小时。"

《治安管理处罚法》第100条规定："违反治安管理行为事实清楚，证据确凿，处警告或者二百元以下罚款的，可以当场作出治安管理处罚决定。"

《治安管理处罚法》第104条规定："受到罚款处罚的人应当自收到处罚决定书之日起十五日内，到指定的银行缴纳罚款。但是，有下列情形之一的，人民警察可以当场收缴罚款：（一）被处五十元以下罚款，被处罚人对罚款无异议的；（二）在边远、水上、交通不便地区，公安机关及其人民警察依照本法的规定作出罚款决定后，被处罚人向指定的银行缴纳罚款确有困难，经被处罚人提出的；（三）被处罚人在当地没有固定住所，不当场收缴事后难以执行的。"

＊＊＊本题涉及重点考点＊＊＊

一、行政处罚的程序（普通程序、简易程序、当场收缴程序）

二、行政处罚的原则

三、行政诉讼的受案范围

四、行政诉讼中复议机关收集证据的合法性

五、行政诉讼的被告确定

六、行政诉讼的简易程序

七、行政诉讼的变更判决

八、行政诉讼的二审程序和审理对象

九、治安处罚的传唤制度、当场处罚程序、当场收缴程序

案例二

宋城县明池乡元道村的村民欧阳龙未经有关机关批准，非法占用村集体土地建造住宅。宋城县农村农业局接到村民举报后，责令其退还土地并拆除占用土地上建设的住宅。之后依照《土地管理法》第78条和《行政强制法》的相关规定，申请法院强制拆除了欧阳龙非法占用土地上建造的住宅。

之后，欧阳龙准备在本村开办一家石材厂，在没有申领"乡村建设规划许可证"的情形下，即在村边的乡规划区内开始建造石材厂的厂房。明池乡政府接到村民举报后，依照《城乡规划法》第65条的规定，责令欧阳龙停止建设、限期改正违法建设行为。欧阳龙立即停止了建设，并在限期内补办了乡村建设规划许可证。

欧阳龙经营石材厂数年后，积累了一些资金，搬入宋城县城区，并购买了城区内的一套别墅居住。购买别墅之后，欧阳龙觉得别墅的房间太少，于是在别墅的阳台上私自搭建了一个房间。宋城县规划与建设局发现后，告知其没有取得"建设工程规划许可证"就搭建房间属于违法行为，依照《城乡规划法》第64条规定责令其限期拆除违法搭建的房间。但是欧阳龙逾期没有拆除违法搭建的房间。

于是宋城县政府在县规划与建设局的申请下，依照《城乡规划法》第68条的规定责成宋城县城管局强制拆除欧阳龙搭建的房间。宋城县城管局作出了行政强制拆除决定，并强拆了欧阳龙违法搭建的房间，但是在强拆时没有依法对房间内的财物进行清点、公证。

欧阳龙不服宋城县城管局的强制拆除行为，向法院提起行政诉讼，请求法院确认强制拆除行为违法，并赔偿房间内的财物损失。在诉讼中，欧阳龙提出由于被告强拆时的违法行为导致自己无法对财物损失大小进行举证，只能提供一些初步的证据证明损失数额。同时欧阳龙还提出房间内有一尊古董石雕损坏，价值50万元，并提出相关的证据予以证明，要求被告对自己进行赔偿。

本案相关法条：

《土地管理法》第78条第1款："农村村民未经批准或者采取欺骗手段骗取批准，非法占用土地建住宅的，由县级以上人民政府农业农村主管部门责令退还非法占用的土地，限期拆除在非法占用的土地上新建的房屋。"

《土地管理法》第83条："依照本法规定，责令限期拆除在非法占用的土地上新建的建筑物和其他设施的，建设单位或者个人必须立即停止施工，自行拆除；对继续施工的，作出处罚决定的机关有权制止。建设单位或者个人对责令限期拆除的行政处罚决定不服的，可以在接到责令限期拆除决定之日起十五日内，向人民法院起诉；期满不起诉又不自行拆除的，由作出处罚决定的机关依法申请人民法院强制执行，费用由违法者承担。"

《城乡规划法》第65条："在乡、村庄规划区内未依法取得乡村建设规划许可证或者未按照乡村建设规划许可证的规定进行建设的，由乡、镇人民政府责令停止建设、限期改正；逾期不改正的，可以拆除。"

《城乡规划法》第64条："未取得建设工程规划许可证或者未按照建设工程规划许可证的规定进行建设的，由县级以上地方人民政府城乡规划主管部门责令停止建设；尚可采取改正措施消除对规划实施的影响的，限期改正，处建设工程造价百分之五以上百分之十以下的罚款；无法采取改正措施消除影响的，限期拆除，不能拆除的，没收实物或者违法收入，可以并处建设工程造价百分之十以下的罚款。"

《城乡规划法》第 68 条："城乡规划主管部门作出责令停止建设或者限期拆除的决定后，当事人不停止建设或者逾期不拆除的，建设工程所在地县级以上地方人民政府可以责成有关部门采取查封施工现场、强制拆除等措施。"

最高法院 2021 年《关于正确确定县级以上地方人民政府行政诉讼被告资格若干问题的规定》第 2 条规定："县级以上地方人民政府根据城乡规划法的规定，责成有关职能部门对违法建筑实施强制拆除，公民、法人或者其他组织不服强制拆除行为提起诉讼，人民法院应当根据行政诉讼法第二十六条第一款的规定，以作出强制拆除决定的行政机关为被告；没有强制拆除决定书的，以具体实施强制拆除行为的职能部门为被告。"

依据上述案情回答以下问题：

一、根据《行政强制法》的规定，宋城县农村农业局在申请法院强制拆除欧阳龙的住宅前，应履行哪些法定程序？

二、如果欧阳龙对宋城县农村农业局作出的责令限期拆除住宅的决定不服提起行政诉讼，起诉期限是多久？为什么？

三、如果明池乡政府做出决定后，欧阳龙没有停止石材厂的建设，也没有限期内改正，则哪个主体有权实施强制拆除？为什么？

四、欧阳龙如果不服强拆其在阳台上违法搭建的房间的行政行为，提起行政诉讼应该以谁作为被告？为什么？

五、欧阳龙对强拆阳台房间的行为提起行政诉讼并要求被告赔偿之前，是否应先向赔偿义务机关要求先行处理赔偿请求？如果欧阳龙先向赔偿义务机关申请处理，对处理决定不服直接提起行政赔偿诉讼，法院应如何处理？为什么？

六、欧阳龙起诉要求行政赔偿的案件中，关于赔偿部分诉讼的举证责任应如何分配？

七、如果欧阳龙对强拆行为提起行政诉讼时没有一并要求赔偿损失，诉讼中法院审查认为强拆行为违法且可能对欧阳龙造成损失，法院可以如何处理？如果欧阳龙在行政诉讼一审终结后、宣判前提起行政赔偿诉讼，法院该如何处理？

八、如果欧阳龙在一审期间提出了行政赔偿请求，但是一审法院漏审，则二审法院该如何处理？如果欧阳龙二审时才提出行政赔偿请求，二审法院又该如何处理？

＊＊＊参考答案与重点法条＊＊＊

一、根据《行政强制法》的规定，宋城县农村农业局在申请法院强制拆除欧阳龙的住宅前，应履行哪些法定程序？

【黄文涛参考答案】

答：根据《行政强制法》第 36、44、53、54 条规定，在申请法院强制拆除前应履行以下法定程序——

1. 宋城县农村农业局应先予以公告，限期欧阳龙自行拆除。

2. 如果欧阳龙在法定期限内不申请复议、不提起行政诉讼，也不自行拆除的，宋城县农村农业局可以在 3 个月内依法申请法院强制拆除住宅。

3. 在申请法院强制执行 10 日前，宋城县农村农业局应书面催告欧阳龙履行拆除的义务。

4. 如果欧阳龙接到催告书后进行陈述、申辩的，宋城县农村农业局应充分听取意见。

【相关重点法条】

《行政强制法》第36条规定："当事人收到催告书后有权进行陈述和申辩。行政机关应当充分听取当事人的意见，对当事人提出的事实、理由和证据，应当进行记录、复核。当事人提出的事实、理由或者证据成立的，行政机关应当采纳。"

《行政强制法》第44条规定："对违法的建筑物、构筑物、设施等需要强制拆除的，应当由行政机关予以公告，限期当事人自行拆除。当事人在法定期限内不申请行政复议或者提起行政诉讼，又不拆除的，行政机关可以依法强制拆除。"

《行政强制法》第53条规定："当事人在法定期限内不申请行政复议或者提起行政诉讼，又不履行行政决定的，没有行政强制执行权的行政机关可以自期限届满之日起三个月内，依照本章规定申请人民法院强制执行。"

《行政强制法》第54条规定："行政机关申请人民法院强制执行前，应当催告当事人履行义务。催告书送达十日后当事人仍未履行义务的，行政机关可以向所在地有管辖权的人民法院申请强制执行；执行对象是不动产的，向不动产所在地有管辖权的人民法院申请强制执行。"

二、如果欧阳龙对宋城县农村农业局作出的责令限期拆除住宅的决定不服提起行政诉讼，起诉期限是多久？为什么？

【黄文涛参考答案】

答：起诉期限是接到责令拆除决定之日起的15日内。

根据《行政诉讼法》第46条第1款规定，行政诉讼的起诉期限一般为知道或应该知道行政行为之日起的6个月内，但是法律另有规定的除外。本案中，《土地管理法》第83条明确规定，当事人对于行政机关作出的责令限期拆除决定不服起诉的，应在接到决定之日起15日内起诉，这属于《行政诉讼法》所述的"法律另有规定"。所以欧阳龙对宋城县农村农业局作出的责令限期拆除住宅的决定不服起诉的，应在《土地管理法》规定的接到决定之日起15日内提起行政诉讼。

【相关重点法条】

《行政诉讼法》第46条第1款规定："公民、法人或者其他组织直接向人民法院提起诉讼的，应当自知道或者应当知道作出行政行为之日起六个月内提出。法律另有规定的除外。"

三、如果明池乡政府做出决定后，欧阳龙没有停止石材厂的建设，也没有限期内改正，则哪个主体有权实施强制拆除？为什么？

【黄文涛参考答案】

答：明池乡政府有权实施强制拆除。

根据《行政强制法》第13条规定，法律授予行政强制执行权的机关有权自行强制执行，没有法律授权的行政机关只能申请法院强制执行。本案中，欧阳龙没有申领乡村建设规划许可证即开始建设厂房，违反了《城乡规划法》的规定。而《城乡规划法》第65条授权乡、镇政府有权拆除未取得乡村建设规划许可证建设的建筑物，也即乡、镇政府具有法律授予的强制执行权。所以本案中，明池乡政府依据《城乡规划法》第65条的规定具有强制拆除欧阳龙违法建设的石材厂的权力。

【相关重点法条】

《行政强制法》第13条规定："行政强制执行由法律设定。法律没有规定行政机关强制执行的，作出行政决定的行政机关应当申请人民法院强制执行。"

四、欧阳龙如果不服强拆其在阳台上违法搭建的房间的行政行为，提起行政诉讼应该以谁作为被告？为什么？

【黄文涛参考答案】

答：应该以宋城县城管局作为被告。

根据最高人民法院《关于正确确定县级以上地方人民政府行政诉讼被告资格若干问题的规定》第2条规定，县级以上政府责成有关部门强制拆除违法建筑时，应以作出强制拆除决定的行政机关作为被告。本案中，宋城县政府依法责成宋城县城管局强制拆除欧阳龙违法搭建的房间，宋城县城管局依法做出了强制拆除的决定，所以应由宋城县城管局作为行政诉讼的被告。

【相关重点法条】

《行政诉讼法》第26条第1款规定："公民、法人或者其他组织直接向人民法院提起诉讼的，作出行政行为的行政机关是被告。"

五、欧阳龙对强拆阳台房间的行为提起行政诉讼并要求被告赔偿之前，是否应先向赔偿义务机关要求先行处理赔偿请求？如果欧阳龙先向赔偿义务机关申请处理，对处理决定不服直接提起行政赔偿诉讼，法院应如何处理？为什么？

【黄文涛参考答案】

答：对本题的回答如下——

第一，欧阳龙不需要先向赔偿义务机关要求先行处理。

根据《国家赔偿法》第9条的规定，在行政诉讼中一并提出赔偿请求时，不需要经过赔偿义务机关的先行处理程序。本案中，欧阳龙是在提起行政诉讼的同时一并要求被告对自身损失进行赔偿，所以不需要先向赔偿义务机关要求先行处理。

第二，法院应视为欧阳龙在提起行政诉讼时一并提起行政赔偿诉讼。

根据最高法院2022年《关于审理行政赔偿案件若干问题的规定》第13条第1款的规定，行政行为未被确认为违法，社会主体提起行政赔偿诉讼的，法院应视为一并提起行政赔偿诉讼。本题中并没有表明强拆阳台房间的行为已经被确认为违法，因此欧阳龙直接提起行政赔偿诉讼的，法院应当视为提起行政诉讼的同时一并提起行政赔偿诉讼，按照一并提起的行政赔偿诉讼程序进行审理。

【相关重点法条】

《国家赔偿法》第9条第2款规定："赔偿请求人要求赔偿，应当先向赔偿义务机关提出，也可以在申请行政复议或者提起行政诉讼时一并提出。"

最高法院2022年《关于审理行政赔偿案件若干问题的规定》第13条第1款规定："行政行为未被确认为违法，公民、法人或者其他组织提起行政赔偿诉讼的，人民法院应当视为提起行政诉讼时一并提起行政赔偿诉讼。"

六、欧阳龙起诉要求行政赔偿的案件中，关于赔偿部分诉讼的举证责任应如何分配？

【黄文涛参考答案】

答：根据《行政诉讼法》第38条第2款、最高法院指导案例91号裁判要求的规定，本案的举证责任应作如下分配——

1. 原则上应由原告欧阳龙对自身因强拆行为所造成的损失大小进行举证。

2. 如果是因被告在强拆时违反法定要求，没有对房间内的财物依法清点、公证，导致欧阳龙无法举证证明的，则由被告承担举证责任。

3. 对于原告主张的古董石雕的损失，法院可以结合案件中的相关证据予以认定。

【相关重点法条】

《行政诉讼法》第38条第2款规定："在行政赔偿、补偿的案件中，原告应当对行政行为造成的损害提供证据。因被告的原因导致原告无法举证的，由被告承担举证责任。"

最高法院指导案例91号"沙明保等诉马鞍山市花山区人民政府房屋强制拆除行政赔偿案"裁判要点：在房屋强制拆除引发的行政赔偿案件中，原告提供了初步证据，但因行政机关的原因导致原告无法对房屋内物品损失举证，行政机关亦因未依法进行财产登记、公证等措施无法对房屋内物品损失举证的，人民法院对原告未超出市场价值的符合生活常理的房屋内物品的赔偿请求，应当予以支持。

最高法院2022年《关于审理行政赔偿案件若干问题的规定》第11条："行政赔偿诉讼中，原告应当对行政行为造成的损害提供证据；因被告的原因导致原告无法举证的，由被告承担举证责任。人民法院对于原告主张的生产和生活所必需物品的合理损失，应当予以支持；对于原告提出的超出生产和生活所必需的其他贵重物品、现金损失，可以结合案件相关证据予以认定。"

七、如果欧阳龙对强拆行为提起行政诉讼时没有一并要求赔偿损失，诉讼中法院审查认为强拆行为违法且可能对欧阳龙造成损失，法院可以如何处理？如果欧阳龙在行政诉讼一审终结后、宣判前提起行政赔偿诉讼，法院该如何处理？

【黄文涛参考答案】

答：对本题的回答如下——

第一，根据最高法院2022年《关于审理行政赔偿案件若干问题的规定》第14条第1款以及2018年《行政诉讼法司法解释》第95条的规定，法院可以做以下处理——

1. 法院发现强拆行为违法且可能对欧阳龙造成损失，应当告知欧阳龙可以一并提起行政赔偿诉讼。

2. 欧阳龙请求一并解决行政赔偿争议的，法院可就赔偿事项进行调解，调解不成的一并判决。

3. 法院也可以告知欧阳龙就赔偿事项另行起诉。

第二，法院有权裁量决定是否受理欧阳龙的行政赔偿请求。

根据最高法院2022年《关于审理行政赔偿案件若干问题的规定》第14条第2款规定，原告在第一审庭审终结后、宣判前提起行政赔偿诉讼的，是否准许由法院决定。可见，如果欧阳龙在行政诉讼一审终结后、宣判前提起行政赔偿诉讼，法院具有决定是否受理的裁量权力。

【相关重点法条】

最高法院2022年《关于审理行政赔偿案件若干问题的规定》第14条第1、2款规定："原告提起行政诉讼时未一并提起行政赔偿诉讼，人民法院审查认为可能存在行政赔偿的，应当告知原告可以一并提起行政赔偿诉讼。原告在第一审庭审终结前提起行政赔偿诉讼，符合起诉条件的，人民法院应当依法受理；原告在第一审庭审终结后、宣判前提起行政赔偿诉讼的，是否准许由人民法院决定。

最高法院2018年《行政诉讼法司法解释》第95条规定："人民法院经审理认为被诉行政行为违法或者无效，可能给原告造成损失，经释明，原告请求一并解决行政赔偿争议的，人民法院可以就赔偿事项进行调解；调解不成的，应当一并判决。人民法院也可以告知其就赔偿事项另行提起诉讼。"

八、如果欧阳龙在一审期间提出了行政赔偿请求，但是一审法院漏审，则二审法院该如何处理？如果欧阳龙二审时才提出行政赔偿请求，二审法院又该如何处理？

【黄文涛参考答案】

答：根据最高法院 2018 年《行政诉讼法司法解释》第 109 条以及最高法院 2022 年《关于审理行政赔偿案件若干问题的规定》第 14 条第 3 款的规定，对本题回答如下——

第一，如果欧阳龙一审提出行政赔偿请求但是法院漏审，二审法院审理后认为不应赔偿的，则判决驳回欧阳龙的行政赔偿请求。如果二审法院审理后认为应赔偿的，则在确认被诉行政行为违法的同时，可以就行政赔偿问题进行调解。调解不成的，就行政赔偿部分发回重审。

第二，如果欧阳龙二审时才提出行政赔偿请求，二审法院可以组织各方调解。调解不成的应告知欧阳龙另行就行政赔偿问题起诉。

【相关重点法条】

最高法院 2018 年《行政诉讼法司法解释》第 109 条第 3、4、5、6 款规定："原审判决遗漏行政赔偿请求，第二审人民法院经审查认为依法不应当予以赔偿的，应当判决驳回行政赔偿请求。原审判决遗漏行政赔偿请求，第二审人民法院经审理认为依法应当予以赔偿的，在确认被诉行政行为违法的同时，可以就行政赔偿问题进行调解；调解不成的，应当就行政赔偿部分发回重审。当事人在第二审期间提出行政赔偿请求的，第二审人民法院可以进行调解；调解不成的，应当告知当事人另行起诉。"

最高法院 2022 年《关于审理行政赔偿案件若干问题的规定》第 14 条第 3 款规定："原告在第二审程序或者再审程序中提出行政赔偿请求的，人民法院可以组织各方调解；调解不成的，告知其另行起诉。"

＊＊＊本题涉及重点考点＊＊＊

一、行政强制执行的程序
二、行政诉讼起诉期限的计算
三、行政诉讼被告资格的确定
四、行政赔偿诉讼的程序（一并提起和单独提起）
五、行政赔偿诉讼的举证责任

案例三

　　秦州市唐城区自然资源局准备出让一宗本区内的国有土地，组织进行国有土地使用权拍卖会。清源房地产公司、正本房地产公司、天王房地产公司参加了拍卖会，最后唐城区自然资源局认定清源房地产公司拍得该宗土地，遂与之签订了《国有土地使用权出让合同》（简称《出让合同》）。在《出让合同》中，双方约定发生争议时都由清源房地产公司所在地的汉洲市宋城区法院管辖。同时，由于被出让的宗地上有一间政府菜篮子工程所建的农产品冷藏库，双方在《出让合同》中约定了"出让宗地的用途为商住综合用地，冷藏车间维持现状。"

　　《出让合同》签订后，唐城区自然资源局给清源房地产公司发放了两张国有土地使用权证：1号土地使用权证是冷藏车间所占土地，注明为"工业用地"，2号土地使用权证是除了冷藏车间所占地块之外的出让土地，注明为"商住综合用地"。清源房地产公司提出了异议，认为整宗出让土地的使用性质都应是商住综合用地，要求唐城区自然资源局更正。

　　遭到唐城区自然资源局拒绝后，清源房地产公司向法院提起民事诉讼状告唐城区自然资源局，但是法院认为《出让合同》属于行政协议，应提起行政诉讼，遂裁定不予立案。清源房地产公司于是重新提起行政诉讼，要求法院判决唐城区自然资源局更正。

　　法院受理后，唐城区自然资源局向唐城区规划局咨询当时出让土地时，该宗土地的规划用途。唐城区规划局回复称当时该宗土地规划就是商住综合用地，并未将冷藏车间所占地块规划为工业用地。之后法院据此回复认定唐城区自然资源局违反《出让合同》的约定，错误发放了土地使用权证，并判决原告清源房地产公司胜诉。

　　清源房地产公司获得国有土地使用权后进行开发经营，在没有取得建设工程规划许可证的情况下即开始动工。建设项目所在地的唐城区政府的派出机关——黄浦街道办事处发现其违法建设行为后，拟作出罚款1万元的处罚决定。清源房地产公司申辩时提出了充足的证据证明，是由于唐城区规划局的工作人员错误告知其已经作出了建设工程规划许可证，导致公司误以为手续已经办全，所以才开工建设，自身没有主观过错。但是黄浦街道办事处没有采纳其申辩意见，仍然作出了处罚决定。清源房地产公司不服处罚决定，提出复议申请。

　　复议机关受理复议申请后，认为案情比较复杂，决定采取听证方式审查。经过审查认为处罚决定没有违法，作出复议维持决定。

　　依据上述案情回答以下问题：

　　一、正本、天王两家房地产公司是否具有行政诉讼的原告资格，起诉秦州市唐城区自然资源局签订《出让合同》的行为？为什么？

　　二、《出让合同》中约定的管辖法院是否合法？为什么？

　　三、唐城区规划局的回复能否作为法院审查《出让合同》的依据？为什么？

　　四、在《出让合同》纠纷的案件中，如果清源房地产公司要求法院判决被告唐城区自然资源局按照合同约定支付违约金，法院是否支持？为什么？

　　五、根据《行政处罚法》的规定，唐城区黄浦街道办事处在何种情形下才有权合法行使行政处罚权？

　　六、清源房地产公司提出申辩意见证明自身没有主观过错后，行政机关是否应对其进行处罚？

七、清源房地产公司提出复议申请时，应以哪个主体作为复议机关？

八、清源房地产公司申请复议后，复议机关采取听证方式审查是否合法？

＊＊＊ 参考答案与重点法条 ＊＊＊

一、正本、天王两家房地产公司是否具有行政诉讼的原告资格，起诉秦州市唐城区自然资源局签订《出让合同》的行为？为什么？

【黄文涛参考答案】

答：正本、天王两家房地产公司具有行政诉讼的原告资格。

根据最高法院2020年《行政协议诉讼司法解释》第5条规定，参与拍卖等竞争性活动，认为行政机关应与其订立行政协议，或与他人订立的行政协议损害其合法权益的，有权提起行政诉讼。本案中，正本、天王两家房地产公司与清源房地产公司一同参与了国有土地使用权拍卖会，但是秦州市唐城区自然资源局认为清源房地产公司拍得该宗土地的使用权，并与之签订行政协议，正本、天王两家房地产公司就属于与该行政协议具有利害关系的主体，因而具有行政诉讼的原告资格。

【相关重点法条】

最高法院2020年《行政协议诉讼司法解释》第5条规定："下列与行政协议有利害关系的公民、法人或者其他组织提起行政诉讼的，人民法院应当依法受理：（一）参与招标、拍卖、挂牌等竞争性活动，认为行政机关应当依法与其订立行政协议但行政机关拒绝订立，或者认为行政机关与他人订立行政协议损害其合法权益的公民、法人或者其他组织；……"

二、《出让合同》中约定的管辖法院是否合法？为什么？

【黄文涛参考答案】

答：约定的管辖法院不合法。

根据最高法院2020年《行政协议诉讼司法解释》第7条规定，行政协议中当事人有权书面约定管辖法院，但是不能违反级别管辖和专属管辖的规定。同时根据《行政诉讼法》第20条规定，因不动产提起的行政诉讼，由不动产所在地法院管辖，此即行政诉讼的专属管辖规定。且最高法院2018年《行政诉讼法司法解释》第9条第1款规定，因不动产提起的诉讼是指因行政行为导致不动产物权变动而提起的诉讼。本案中，《出让合同》所出让的标的是国有土地使用权这一物权，秦州市唐城区自然资源局签订该行政协议导致了国有土地使用权的变动，因此发生的争议应属于涉及不动产的案件，依法应由不动产所在地法院专属管辖，当事人在《出让合同》中约定由汉洲市宋城区法院管辖违反了专属管辖的规定，所以是违法的。

【相关重点法条】

《行政诉讼法》第20条规定："因不动产提起的行政诉讼，由不动产所在地人民法院管辖。"

最高法院2020年《行政协议诉讼司法解释》第7条规定："当事人书面协议约定选择被告所在地、原告所在地、协议履行地、协议订立地、标的物所在地等与争议有实际联系地点的人民法院管辖的，人民法院从其约定，但违反级别管辖和专属管辖的除外。"

最高法院2018年《行政诉讼法司法解释》第9条第1款规定："行政诉讼法第二十条规定的'因不动产提起的行政诉讼'是指因行政行为导致不动产物权变动而提起的诉讼。"

三、唐城区规划局的回复能否作为法院审查《出让合同》的依据？为什么？

【黄文涛参考答案】

答：可以作为法院审查《出让合同》的依据。

根据最高法院第76号指导案例的裁判要点，行政机关在职权范围内对行政协议约定的条款进行的解释，对协议双方具有法律约束力，法院经过审查可以作为审查行政协议的依据。本案中，确定出让宗地的使用性质属于唐城区规划局的职权范围。因此它对《出让合同》中出让宗地使用类型的解释，对行政协议双方都具有法律约束力，法院也可以作为审查《出让合同》的依据。

【相关指导案例】

最高法院第76号指导案例"萍乡市亚鹏房地产开发有限公司诉萍乡市国土资源局不履行行政协议案"裁判要点：行政机关在职权范围内对行政协议约定的条款进行的解释，对协议双方具有法律约束力，人民法院经过审查，根据实际情况，可以作为审查行政协议的依据。

四、在《出让合同》纠纷的案件中，如果清源房地产公司要求法院判决被告唐城区自然资源局按照合同约定支付违约金，法院是否支持？为什么？

【黄文涛参考答案】

答：法院应当支持清源房地产公司的违约金诉求。

根据最高法院2020年《行政协议诉讼司法解释》第19条规定，在行政协议诉讼中，如果被告没有按照约定履行协议，原告要求按照约定的违约金条款予以赔偿的，法院应予以支持。本案中，《出让合同》纠纷属于行政协议纠纷，法院经审理认为唐城区自然资源局违反《出让合同》的约定，错误发放了土地使用权证，此时原告清源房地产公司依法有权要求法院依据合同约定判决其支付违约金。

【相关重点法条】

最高法院2020年《行政协议诉讼司法解释》第19条规定："被告未依法履行、未按照约定履行行政协议，人民法院可以依据行政诉讼法第七十八条的规定，结合原告诉讼请求，判决被告继续履行，并明确继续履行的具体内容；被告无法履行或者继续履行无实际意义的，人民法院可以判决被告采取相应的补救措施；给原告造成损失的，判决被告予以赔偿。原告要求按照约定的违约金条款或者定金条款予以赔偿的，人民法院应予支持。"

五、根据《行政处罚法》的规定，唐城区黄浦街道办事处在何种情形下才有权合法行使行政处罚权？

【黄文涛参考答案】

答：根据《行政处罚法》第24条第1款规定，唐城区黄浦街道办事处在以下情形中才有权合法行使行政处罚权：

第一，唐城区黄浦街道办事处所在地的省级政府，根据当地的实际情况，作出决定将唐城区规划局所享有的行政处罚权交由基层街道办事处行使，并定期组织评估。

第二，该决定应当向社会公布。

【相关重点法条】

《行政处罚法》第24条第1款规定："省、自治区、直辖市根据当地实际情况，可以决定将基层管理迫切需要的县级人民政府部门的行政处罚权交由能够有效承接的乡镇人民政府、街道办事处行使，并定期组织评估。决定应当公布。"

六、清源房地产公司提出申辩意见证明自身没有主观过错后，行政机关是否应对其进行处罚？

【黄文涛参考答案】

答：行政机关不应对清源房地产公司处罚。

根据《行政处罚法》第 33 条第 2 款规定，当事人如果有证据足以证明自身没有实施违法行为的主观过错的，不予处罚。本案中，清源房地产公司提出了充足的证据证明，是由于唐城区规划局工作人员的错误通知导致违法建设，自身没有主观过错，所以依法不应予以处罚。

【相关重点法条】

《行政处罚法》第 33 条第 2 款规定："当事人有证据足以证明没有主观过错的，不予行政处罚。法律、行政法规另有规定的，从其规定。"

七、清源房地产公司提出复议申请时，应以哪个主体作为复议机关？

【黄文涛参考答案】

答：应以唐城区政府作为复议机关。

根据《行政复议法》第 15 条规定，对县级以上政府依法设立的派出机关的具体行政行为不服，向设立该派出机关的政府申请行政复议。本案中，唐城区黄浦街道办事处属于唐城区政府依法设立的派出机关，所以对其作出的处罚决定不服，应向设立它的唐城区政府申请复议。

【相关重点法条】

《行政复议法》第 15 条规定："对本法第十二条、第十三条、第十四条规定以外的其他行政机关、组织的具体行政行为不服的，按照下列规定申请行政复议：（一）对县级以上地方人民政府依法设立的派出机关的具体行政行为不服的，向设立该派出机关的人民政府申请行政复议；……"

八、清源房地产公司申请复议后，复议机关采取听证方式审查是否合法？

【黄文涛参考答案】

答：采取听证方式审查是合法的。

根据《行政复议法实施条例》第 33 条规定，对于重大、复杂的复议案件，复议机关认为有必要的，可以采取听证方式审理。本案中，清源房地产公司申请复议后，只要复议机关认为案情复杂，则就有权采取听证的方式审理。

【相关重点法条】

《行政复议法实施条例》第 33 条规定："行政复议机构认为必要时，可以实地调查核实证据；对重大、复杂的案件，申请人提出要求或者行政复议机构认为必要时，可以采取听证的方式审理。"

＊＊＊本题涉及重点考点＊＊＊

一、行政协议诉讼中的原告资格

二、行政协议诉讼中的管辖法院

三、行政协议诉讼中的违约金条款

四、行政处罚权的下放（乡镇政府、街道办事处的行政处罚权）

五、行政处罚的适用规则（主观过错要件）

六、行政复议机关的确定

七、行政复议的审查方式

案例四

中原省人大常委会制定了地方性法规《中原省运输管理条例》，其中规定本省电动三轮车经营实行许可制度，且实行有偿使用，有偿使用的期限为 2 年。汉洲市政府据此发布通知，要求本市所有电动三轮车经营者限期内申请经营许可证，缴纳有偿使用费 3 万元。但是，由于工作人员的疏忽，在办理电动三轮车经营许可证时，没有告知经营者们有偿使用的期限为 2 年。2 年后，汉洲市政府发布公告，终止了之前经营许可证的效力，要求本市电动三轮车经营者重新申请经营许可证，并缴纳有偿使用费 5 万元。

欧阳龙为汉洲市的一名电动三轮车经营者，他认为当时申请经营许可证时，汉洲市政府未告知经营许可证的期限为 2 年，该经营许可就应无限期使用，汉洲市政府再次要求缴纳 5 万元的有偿使用费构成重复收费，于是向法院起诉要求撤销汉洲市政府的公告。法院经过审理，判决汉洲市政府败诉。

欧阳龙虽然胜诉，但是觉得继续经营电动三轮车没有前途，于是改行入职一家公司担任司机。一日在开车过程中遭遇事故受伤，由于当地没有设置探头，所以交警调查后无法查明事故的成因、认定事故责任的分配，于是根据《道路交通事故处理程序规定》第 67 条开具了一份《交通事故证明书》，而没有开具认定事故责任分配的《交通事故认定书》。欧阳龙向当地的汉洲市人社局申请工伤认定。汉洲市人社局认为，交警的《交通事故证明书》没有明确交通事故的责任分配，无法确定是否属于欧阳龙的主要责任，于是根据《工伤保险条例》第 20 条第 3 款的规定，决定中止工伤认定程序。欧阳龙对汉洲市人社局中止工伤认定程序的决定不服，提起行政诉讼。法院认为中止工伤认定程序的决定属于程序性行政行为，不属于行政诉讼的受案范围，裁定不予立案。

欧阳龙不服裁定上诉，二审法院撤销了裁定并指令一审法院受理。一审法院受理后通知当事人到庭参加诉讼。经过庭审，法院判决撤销被告汉洲市人社局中止工伤认定程序的决定。

本案相关法条：

《道路交通事故处理程序规定》第 67 条："道路交通事故基本事实无法查清、成因无法判定的，公安机关交通管理部门应当出具道路交通事故证明，载明道路交通事故发生的时间、地点、当事人情况及调查得到的事实，分别送达当事人，并告知申请复核、调解和提起民事诉讼的权利、期限。"

《工伤保险条例》第 14 条："职工有下列情形之一的，应当认定为工伤：……（六）在上下班途中，受到非本人主要责任的交通事故或者城市轨道交通、客运轮渡、火车事故伤害的；……"

《工伤保险条例》第 20 条第 3 款："作出工伤认定决定需要以司法机关或者有关行政主管部门的结论为依据的，在司法机关或者有关行政主管部门尚未作出结论期间，作出工伤认定决定的时限中止。"

依据上述案情回答以下问题：

一、《中原省运输管理条例》是否有权设定电动三轮车的经营许可？为什么？

二、欧阳龙以汉洲市政府未告知 2 年的许可证有效期为由主张电动三轮车经营许可没有期限限制，法院是否支持？汉洲市政府未告知许可期限，之后以期限届满为由终止了欧阳龙的经营权益是否合法？法院该如何判决？

三、欧阳龙起诉汉洲市政府发布的公告，管辖法院如何确定？

四、如果汉洲市人社局做出工伤认定，则行为属于什么性质的行政行为？工伤认定行为是否属于行政诉讼的受案范围？为什么？

五、法院裁定不予立案的理由是否正确？为什么？

六、如果在一审庭审中，欧阳龙认为主审法官存在偏袒被告的现象，拒绝发表陈述意见，法院该如何处理？

＊＊＊参考答案与重点法条＊＊＊

一、《中原省运输管理条例》是否有权设定电动三轮车的经营许可？为什么？

【黄文涛参考答案】

答：有权设定电动三轮车的经营许可。

根据《行政许可法》第12、15条规定，地方性法规有权设定从事特定行业所需资格的行政许可。本案中，电动三轮车的经营许可就属于从事电动三轮车经营所需资格的行政许可，《中原省运输管理条例》作为中原省人大常委会制定的地方性法规，依法有权进行设定。

【相关重点法条】

《行政许可法》第12条规定："下列事项可以设定行政许可：……（三）提供公众服务并且直接关系公共利益的职业、行业，需要确定具备特殊信誉、特殊条件或者特殊技能等资格、资质的事项；……"

《行政许可法》第15条规定："本法第十二条所列事项，尚未制定法律、行政法规的，地方性法规可以设定行政许可；尚未制定法律、行政法规和地方性法规的，因行政管理的需要，确需立即实施行政许可的，省、自治区、直辖市人民政府规章可以设定临时性的行政许可。临时性的行政许可实施满一年需要继续实施的，应当提请本级人民代表大会及其常务委员会制定地方性法规。"

二、欧阳龙以汉洲市政府未告知2年的许可证有效期为由主张电动三轮车经营许可没有期限限制，法院是否支持？汉洲市政府未告知许可期限，之后以期限届满为由终止了欧阳龙的经营权益是否合法？法院该如何判决？

【黄文涛参考答案】

答：对本题的回答如下——

第一，法院不能支持。根据最高法院指导案例88号裁判要点2的规定，行政相对人仅以行政机关未告知期限为由，主张行政许可没有期限限制的，人民法院不予支持。可见本案中，如果欧阳龙以汉洲市政府未告知2年的许可证有效期为由，主张电动三轮车经营许可没有期限限制，法院不予支持。

第二，汉洲市政府的做法是违法的。根据最高法院指导案例88号裁判要点3的规定，行政机关在作出行政许可时未告知期限，事后以期限届满为由终止许可权益的，属于行政程序违法。可见本案中，汉洲市政府在做出经营许可时没有告知许可期限，之后又发布公告终止许可效力，属于行政程序违法。

第三，法院应当判决撤销汉洲市政府的公告。最高法院指导案例88号裁判要点3的规定，行政机关未告知许可期限，而后终止许可权益属于行政程序违法，法院应判决撤销。如果撤销会给社会公共利益和行政管理秩序带来明显不利影响的则判决确认违法。本案中，汉洲市政府的公告因之前未告知欧阳龙许可期限而属于行政程序违法，且不存在撤销会给社会公益和行政秩序带来明显不利影响的情形，所以法院应判决撤销该公告。

【相关指导案例】

最高法院指导案例 88 号：张道文、陶仁等诉四川省简阳市人民政府侵犯客运人力三轮车经营权案

裁判要点 1：行政许可具有法定期限，行政机关在作出行政许可时，应当明确告知行政许可的期限，行政相对人也有权利知道行政许可的期限。

裁判要点 2：行政相对人仅以行政机关未告知期限为由，主张行政许可没有期限限制的，人民法院不予支持。

裁判要点 3：行政机关在作出行政许可时没有告知期限，事后以期限届满为由终止行政相对人行政许可权益的，属于行政程序违法，人民法院应当依法判决撤销被诉行政行为。但如果判决撤销被诉行政行为，将会给社会公共利益和行政管理秩序带来明显不利影响的，人民法院应当判决确认被诉行政行为违法。

三、欧阳龙起诉汉洲市政府发布的公告，管辖法院如何确定？

【黄文涛参考答案】

答：管辖法院应是汉洲市政府所在地的中级法院。

根据《行政诉讼法》第 15 条规定，对县级以上政府所做的行政行为提起诉讼，级别管辖法院是中级法院。同时根据《行政诉讼法》第 18 条第 1 款规定，普通行政诉讼案件的地域管辖法院是最初作出行政行为的行政机关所在地法院，也即被告所在地法院。本案中，被告是汉洲市政府，属于县级以上政府，所以级别管辖法院为中级法院。同时本案属于普通的行政诉讼案件，所以地域管辖法院为被告汉洲市政府所在地法院。综上，本案的管辖法院为汉洲市政府所在地的中级法院。

【相关重点法条】

《行政诉讼法》第 15 条规定："中级人民法院管辖下列第一审行政案件：（一）对国务院部门或者县级以上地方人民政府所作的行政行为提起诉讼的案件；（二）海关处理的案件；（三）本辖区内重大、复杂的案件；（四）其他法律规定由中级人民法院管辖的案件。"

《行政诉讼法》第 18 条第 1 款规定："行政案件由最初作出行政行为的行政机关所在地人民法院管辖。经复议的案件，也可以由复议机关所在地人民法院管辖。"

四、如果汉洲市人社局做出工伤认定，则行为属于什么性质的行政行为？工伤认定行为是否属于行政诉讼的受案范围？为什么？

【黄文涛参考答案】

答：对本题的回答如下——

第一，工伤认定属于行政确认行为。行政确认是指行政机关对行政相对人的法律地位、法律关系、法律事实等进行鉴别，并予以认定并宣告的具体行政行为。工伤认定是劳动行政管理部门对职工受到的伤害是否属于工伤这一法律事实的鉴别与认定，符合行政确认的法律性质，所以应属于行政确认行为。

第二，属于行政诉讼的受案范围。根据《行政诉讼法》第 12 条、最高法院 2018 年《行政诉讼法司法解释》第 1 条第 1 款规定，法院受理社会主体认为行政机关的行政行为侵犯自身合法权益的案件。本案中，工伤认定这一行政行为直接关系到受害人是否可以获得工伤保险基金的赔付，与其自身的合法权益密切相关，所以工伤认定行为属于行政诉讼的受案范围。

【相关重点法条】

《行政诉讼法》第12条规定："人民法院受理公民、法人或者其他组织提起的下列诉讼：……（十二）认为行政机关侵犯其他人身权、财产权等合法权益的。"

最高法院2018年《行政诉讼法司法解释》第1条第1款规定："公民、法人或者其他组织对行政机关及其工作人员的行政行为不服，依法提起诉讼的，属于人民法院行政诉讼的受案范围。"

五、法院裁定不予立案的理由是否正确？为什么？

【黄文涛参考答案】

答：法院的理由不正确。

根据最高法院指导案例69号的裁判要点，当事人认为行政机关的程序性行政行为侵害其合法权益，对权利义务产生明显实际影响，且无法提起针对相关实体行政行为的诉讼获得救济，则起诉该程序性行政行为时，法院应予以受理。本案中，汉洲市人社局作出中止工伤认定这一程序性行政行为的理由是交警出具的《交通事故证明》没有明确交通事故的责任认定，因而无法依据《交通事故证明》认定欧阳龙是否属于工伤。但是根据《道路交通事故处理程序规定》，这份证明已经是交警部门出具的最终结论，一旦汉洲市人社局中止工伤认定程序，欧阳龙也无法起诉其它行政行为来保护自身权益。所以，汉洲市人社局的这一决定应属于行政诉讼的受案范围，法院裁定不予立案的理由不正确。

【相关指导案例】

最高法院指导案例69号"王明德诉乐山市人力资源和社会保障局工伤认定案"

裁判要点：当事人认为行政机关作出的程序性行政行为侵犯其人身权、财产权等合法权益，对其权利义务产生明显的实际影响，且无法通过提起针对相关的实体性行政行为的诉讼获得救济，而对该程序性行政行为提起行政诉讼的，人民法院应当依法受理。

六、如果在一审庭审中，欧阳龙认为主审法官存在偏袒被告的现象，拒绝发表陈述意见，法院该如何处理？

【黄文涛参考答案】

答：根据最高法院2018年《行政诉讼法司法解释》第80条规定，法院处理方式如下：

1. 法院应向欧阳龙释明法律后果，要求其陈述意见。

2. 如果经释明后，欧阳龙仍拒绝陈述意见的，则视为放弃陈述权利，承担不利法律后果。

【相关重点法条】

最高法院2018年《行政诉讼法司法解释》第80条规定："原告或者上诉人在庭审中明确拒绝陈述或者以其他方式拒绝陈述，导致庭审无法进行，经法庭释明法律后果后仍不陈述意见的，视为放弃陈述权利，由其承担不利的法律后果。"

＊＊＊本题涉及重点考点＊＊＊

一、行政许可的设定权限

二、行政许可的期限告知问题

三、行政诉讼管辖法院的确定

四、工伤认定的法律性质判断

五、行政诉讼的受案范围

六、行政诉讼中当事人拒绝陈述的法律后果

案例五

宇文法准备开办一家小学生数学培训公司，向宋城区教育局申领了办学许可证后，再向宋城区市场监管局申领营业执照。但是宋城区市场监管局认为其不符合开设的条件，拒绝颁发营业执照。宇文法不服提起行政诉讼状告宋城区市场监管局。

在行政诉讼中，法院审理时发现宋城区教育局是在明显缺乏事实依据的情形下给宇文法颁发了办学许可证，于是判决撤销办学许可证，并维持宋城区市场监管局拒绝颁发营业执照的行为。

宇文法败诉后，补正相关手续后再次向宋城区市场监管局提出申请，顺利获得营业执照，开设了地虎培训公司，从事小学生数学培训业务。在经营过程中，地虎培训公司为了吸引生源，在网站上虚假宣传"与联合国合作"、"清北名师 1 对 1 同步辅导"等，被宋城区市场监管局发现后，认定其违反《反不正当竞争法》的规定，作出罚款250万元的顶格处罚。地虎培训公司对处罚决定不服，提起行政诉讼。

法院受理后，在审理过程中对案件进行了调解。地虎培训公司与宋城区市场监管局达成调解协议后，申请法院依据调解协议的内容制作行政判决书，法院同意后制作了行政判决书。

之后，地虎培训公司经过多年的发展，不断壮大，逐步在小学生数学培训市场形成了支配地位，并为了维护自己的垄断地位采取各种方式打压竞争对手，引起了国家市场监管总局的关注。国家市场监管总局经过调查取证后，对其滥用市场支配地位的行为处以8亿元的顶格罚款。地虎培训公司不服处罚决定，提出行政复议申请，并在复议过程中与国家市场监管总局达成了和解，终止复议程序。

依据上述案情回答以下问题：

一、法院在审理宇文法起诉宋城区市场监管局的案件中，判决方式是否正确？为什么？

二、如果法院审理认为宇文法符合获取营业执照的法定条件，则应该如何判决？

三、如果地虎培训公司的违法宣传行为持续了 3 年，之后被宋城区市场监管局发现，则是否还能对其进行处罚？为什么？

四、法院审理地虎培训公司诉宋城区市场监管局一案中，是否有权对案件进行调解？是否能依据调解协议内容制作判决书？为什么？

五、地虎培训公司在复议中是否能与国家市场监管总局达成和解？为什么？

＊＊＊参考答案与重点法条＊＊＊

一、法院在审理宇文法起诉宋城区市场监管局的案件中，判决方式是否正确？为什么？

【黄文涛参考答案】

答：法院的判决方式错误，主要存在以下两方面的问题——

1. 根据最高人民法院《关于审理行政许可案件若干问题的规定》第 7 条规定，作为被诉行政许可行为基础的其他行政许可决定（前置性许可）存在明显缺乏事实根据的情形时，法院不予认可，也即不能直接判决撤销。本案中，宋城区教育局颁发的办学许可证就是宋城区市场监管局颁发的营业执照的前置性许可，法院在审理时发现这一前置性许可存在明显缺乏事实根据的情形时，只能对该许可不予认可，而不能直接判决撤销该行政许可。

2. 根据《行政诉讼法》第69条规定，如果原告申请被告履行法定职责理由不成立的，法院判决驳回原告诉讼请求。本案中，法院审查发现作为营业执照前置性许可的办学许可证存在明显的违法情形，则意味着宇文法申请被告宋城区市场监管局颁发营业执照的理由不成立，法院应判决驳回宇文法的诉讼请求，而不是判决维持宋城区市场监管局拒绝颁发营业执照的行为。

【相关重点法条】

最高法院《关于审理行政许可案件若干问题的规定》第7条规定："作为被诉行政许可行为基础的其他行政决定或者文书存在以下情形之一的，人民法院不予认可：（一）明显缺乏事实根据；（二）明显缺乏法律依据；（三）超越职权；（四）其他重大明显违法情形。"

《行政诉讼法》第69条规定："行政行为证据确凿，适用法律、法规正确，符合法定程序的，或者原告申请被告履行法定职责或者给付义务理由不成立的，人民法院判决驳回原告的诉讼请求。"

二、如果法院审理认为宇文法符合获取营业执照的法定条件，则应该如何判决？

【黄文涛参考答案】

答：根据《行政诉讼法》第72条、最高法院2018年《行政诉讼法司法解释》第91条的规定，法院应做如下判决——

1. 法院如果查明宇文法符合获取营业执照的法定条件，应判决被告宋城区市场监管局在一定期限内履行颁发营业执照的职责。

2. 如果尚需被告宋城区市场监管局调查或裁量的，应判决宋城区市场监管局针对原告宇文法的请求重新作出处理。

【相关重点法条】

《行政诉讼法》第72条规定："人民法院经过审理，查明被告不履行法定职责的，判决被告在一定期限内履行。"

最高法院2018年《行政诉讼法司法解释》第91条规定："原告请求被告履行法定职责的理由成立，被告违法拒绝履行或者无正当理由逾期不予答复的，人民法院可以根据行政诉讼法第七十二条的规定，判决被告在一定期限内依法履行原告请求的法定职责；尚需被告调查或者裁量的，应当判决被告针对原告的请求重新作出处理。"

三、如果地虎培训公司的违法宣传行为持续了3年，之后被宋城区市场监管局发现，则是否还能对其进行处罚？为什么？

【黄文涛参考答案】

答：可以对地虎培训公司进行处罚。

根据《行政处罚法》第36条规定，违法行为2年内未被发现不再给予处罚，涉及公民生命健康安全、金融安全且有危害后果的，期限延长至5年。如果违法行为具有连续状态的，行政处罚的追诉期限从行为终了之日起计算。本案中，地虎培训公司的违法宣传行为持续了3年，行政处罚的追诉期限应从其行为终了之日计算，因此宋城区市场监管局发现时尚未超过行政处罚的追诉期限，所以仍然可以对其进行处罚。

【相关重点法条】

四、法院审理地虎培训公司诉宋城区市场监管局一案中，是否有权对案件进行调解？是否能依据调解协议内容制作判决书？为什么？

【黄文涛参考答案】

答：对本题的回答如下——

第一，法院有权对案件进行调解。根据《行政诉讼法》第60条第1款规定，法院对行政机关行使法律、法规规定的自由裁量权案件可以调解。本案中，宋城区市场监管局是根据《反不正当竞争法》的规定，对地虎培训公司做出了250万元的顶格处罚，可见是在其法定的自由裁量权范围内选择了最重的处罚，对此法院在行政诉讼中有权进行调解。

第二，法院不能依据调解协议的内容制作判决书。根据最高法院2018年《行政诉讼法司法解释》第86条第5款规定，当事人经过调解达成协议后，请求法院按照调解协议内容制作判决书的，法院不予准许。本案中，如果地虎培训公司和宋城区市场监管局达成调解协议，则法院应制作行政调解书，而不能依据调解协议的内容制作行政判决书。

【相关重点法条】

《行政诉讼法》第60条第1款规定："人民法院审理行政案件，不适用调解。但是，行政赔偿、补偿以及行政机关行使法律、法规规定的自由裁量权的案件可以调解。"

最高法院2018年《行政诉讼法司法解释》第86条第5款规定："当事人自行和解或者调解达成协议后，请求人民法院按照和解协议或者调解协议的内容制作判决书的，人民法院不予准许。"

五、地虎培训公司在复议中是否能与国家市场监管总局达成和解？为什么？

【黄文涛参考答案】

答：地虎培训公司能够在复议中与国家市场监管总局达成和解。

根据《行政复议法实施条例》第40条规定，行政复议中复议申请人与被申请人对于行政机关行使法定自由裁量权作出的具体行政行为可以自愿达成和解协议。同时《行政复议法》第14条规定，对国务院部门的具体行政行为不服的，向该部门申请行政复议。本案中，国家市场监管总局属于国务院的部门，因此复议机关就是其自身，也即复议被申请人和复议机关都是国家市场监管总局。且国家市场监管总局作出的顶格处罚属于法定的自由裁量权范围，作为申请人的地虎培训公司依法有权与作为被申请人的国家市场监管总局自愿达成和解协议。

【相关重点法条】

《行政复议法实施条例》第40条规定："公民、法人或者其他组织对行政机关行使法律、法规规定的自由裁量权作出的具体行政行为不服申请行政复议，申请人与被申请人在行政复议决定作出前自愿达成和解的，应当向行政复议机构提交书面和解协议；和解内容不损害社会公共利益和他人合法权益的，行政复议机构应当准许。"

《行政复议法》第14条规定："对国务院部门或者省、自治区、直辖市人民政府的具体行政行为不服的，向作出该具体行政行为的国务院部门或者省、自治区、直辖市人民政府申请行政复议。对行政复议决定不服的，可以向人民法院提起行政诉讼；也可以向国务院申请裁决，国务院依照本法的规定作出最终裁决。"

＊＊＊本题涉及重点考点＊＊＊

一、行政许可诉讼中对前置性许可的审查

二、行政诉讼的裁判方式（驳回诉讼请求判决、履行判决）

三、行政处罚的追诉期限

四、行政诉讼中的调解

五、行政复议中的和解

案例六

秦州市检察院接到民众举报，发现本市清源游戏公司生产的手机游戏 APP 存在违法收集用户个人信息的情况，且具有监管职责的秦州市通信管理局并没有予以监管。于是向秦州市通信管理局发出检察建议，要求对清源游戏公司的违法行为进行处理。秦州市通信管理局接到检察建议后，并没有进行监督。于是秦州市检察院向法院提起行政公益诉讼，法院受理后，认定秦州市通信管理局没有履行法定职责，判决确认其不作为的行为违法。

秦州市通信管理局接到败诉判决后，开始积极履行自身的法定职责。它制定了一份规范性文件《秦州市游戏企业 APP 管理暂行办法》，其中要求所有本市游戏公司在制作手机游戏 APP 之前都应向自己申请许可，否则不能制作发布手机游戏 APP。同时，秦州市通信管理局对清源游戏公司生产的手机游戏 APP 进行检查，发现确实存在违法收集个人信息的情形，违反了《网络安全法》第 41 条的规定，于是根据《网络安全法》第 64 条的规定责令清源游戏公司改正违法行为、并罚款 50 万元。

清源游戏公司认为自己是初次违法，且已经积极改正了违法行为，所以秦州市通信管理局不能进行罚款。但是秦州市通信管理局坚持作出罚款决定。清源公司不服处罚决定，向法院提起行政诉讼。法院受理后，在庭审过程中依法进行了调解，并制作了行政调解书，其中秦州市通信管理局将罚款改为 30 万元。但是在行政调解书生效后，秦州市通信管理局却认为行政调解书没有法律效力，仍然要求清源游戏公司缴纳 50 万元罚款。

本案相关法条：

《网络安全法》第 41 条："网络运营者收集、使用个人信息，应当遵循合法、正当、必要的原则，公开收集、使用规则，明示收集、使用信息的目的、方式和范围，并经被收集者同意。网络运营者不得收集与其提供的服务无关的个人信息，不得违反法律、行政法规的规定和双方的约定收集、使用个人信息，并应当依照法律、行政法规的规定和与用户的约定，处理其保存的个人信息。"

《网络安全法》第 64 条第 1 款："网络运营者、网络产品或者服务的提供者违反本法第二十二条第三款、第四十一条至第四十三条规定，侵害个人信息依法得到保护的权利的，由有关主管部门责令改正，可以根据情节单处或者并处警告、没收违法所得、处违法所得一倍以上十倍以下罚款，没有违法所得的，处一百万元以下罚款，对直接负责的主管人员和其他直接责任人员处一万元以上十万元以下罚款；情节严重的，并可以责令暂停相关业务、停业整顿、关闭网站、吊销相关业务许可证或者吊销营业执照。"

依据上述案情回答以下问题：

一、秦州市检察院在提起行政公益诉讼前，是否应先作出检察建议？为什么？

二、法院判决确认秦州市通信管理局不作为的行为违法是否正确？为什么？

三、秦州市通信管理局制定的《秦州市游戏企业 APP 管理暂行办法》是否符合《行政许可法》的规定？为什么？

四、秦州市通信管理局是否有权对初次违法且改正的清源游戏公司进行处罚？为什么？

五、法院在审理本案时是否有权进行调解？为什么？

六、对于秦州市通信管理局不履行行政调解书的行为，法院该如何处理？

<h2 style="text-align:center">＊＊＊参考答案与重点法条＊＊＊</h2>

一、秦州市检察院在提起行政公益诉讼前，是否应先作出检察建议？为什么？

【黄文涛参考答案】

答：秦州市检察院应先作出检察建议。

根据《行政诉讼法》第 25 条第 4 款规定，检察院发现行政机关违法行使职权或不作为时，应当先向行政机关提出检察建议，行政机关仍不依法履行职责的，可以向法院提起诉讼。本案中，秦州市检察院发现清源游戏公司生产的游戏 APP 存在违法收集用户个人信息的现象，依法必须先向具有监管职责的通信管理局作出检察建议，然后才能提起行政公益诉讼。

【相关重点法条】

《行政诉讼法》第 25 条第 4 款规定："人民检察院在履行职责中发现生态环境和资源保护、食品药品安全、国有财产保护、国有土地使用权出让等领域负有监督管理职责的行政机关违法行使职权或者不作为，致使国家利益或者社会公共利益受到侵害的，应当向行政机关提出检察建议，督促其依法履行职责。行政机关不依法履行职责的，人民检察院依法向人民法院提起诉讼。"

二、法院判决确认秦州市通信管理局不作为的行为违法是否正确？为什么？

【黄文涛参考答案】

答：法院作出确认违法判决不正确。

根据《行政诉讼法》第 72 条规定，如果法院经过审查认定被告不履行法定职责的，应当判决被告在一定期限内履行法定职责。同时根据《行政诉讼法》第 74 条第 2 款的规定，在被告履行法定职责没有意义的情况下，法院才判决确认违法。本案中，秦州市通信管理局履行其监督清源游戏公司的法定职责，并不存在没有意义的情形，因此法院应判决要求其履行法定职责，而非确认违法。

【相关重点法条】

《行政诉讼法》第 72 条规定："人民法院经过审理，查明被告不履行法定职责的，判决被告在一定期限内履行。"

《行政诉讼法》第 74 条第 2 款规定："行政行为有下列情形之一，不需要撤销或者判决履行的，人民法院判决确认违法：……（三）被告不履行或者拖延履行法定职责，判决履行没有意义的。"

三、秦州市通信管理局制定的《秦州市游戏企业 APP 管理暂行办法》是否符合《行政许可法》的规定？为什么？

【黄文涛参考答案】

答：不符合《行政许可法》的规定。

根据《行政许可法》第 17 条的规定，行政规范性文件无权设定行政许可。本案中，秦州市通信管理局制定的《秦州市游戏企业 APP 管理暂行办法》属于行政规范性文件，依法无权设定行政许可。但该规范性文件却设定要求所有本市的游戏公司制作游戏 APP 前必须申请许可，这违反了《行政许可法》的规定。

【相关重点法条】

《行政许可法》第14条规定："本法第十二条所列事项，法律可以设定行政许可。尚未制定法律的，行政法规可以设定行政许可。必要时，国务院可以采用发布决定的方式设定行政许可。实施后，除临时性行政许可事项外，国务院应当及时提请全国人民代表大会及其常务委员会制定法律，或者自行制定行政法规。"

《行政许可法》第15条规定："本法第十二条所列事项，尚未制定法律、行政法规的，地方性法规可以设定行政许可；尚未制定法律、行政法规和地方性法规的，因行政管理的需要，确需立即实施行政许可的，省、自治区、直辖市人民政府规章可以设定临时性的行政许可。临时性的行政许可实施满一年需要继续实施的，应当提请本级人民代表大会及其常务委员会制定地方性法规。地方性法规和省、自治区、直辖市人民政府规章，不得设定应当由国家统一确定的公民、法人或者其他组织的资格、资质的行政许可；不得设定企业或者其他组织的设立登记及其前置性行政许可。其设定的行政许可，不得限制其他地区的个人或者企业到本地区从事生产经营和提供服务，不得限制其他地区的商品进入本地区市场。"

《行政许可法》第17条规定："除本法第十四条、第十五条规定的外，其他规范性文件一律不得设定行政许可。"

四、秦州市通信管理局是否有权对初次违法且改正的清源游戏公司进行处罚？为什么？

【黄文涛参考答案】

答：秦州市通信管理局有权进行处罚。

根据《行政处罚法》第33条规定，对于初次违法且危害后果轻微并及时改正的违法行为人，行政机关可以不予行政处罚，而非应当不予行政处罚。本案中，虽然清源游戏公司初次违法且改正，但秦州市通信管理局依然有权对其进行行政处罚。

【相关重点法条】

《行政处罚法》第33条规定："违法行为轻微并及时改正，没有造成危害后果的，不予行政处罚。初次违法且危害后果轻微并及时改正的，可以不予行政处罚。"

五、法院在审理本案时是否有权进行调解？为什么？

【黄文涛参考答案】

答：法院有权进行调解。

根据《行政诉讼法》第60条第1款规定，法院对于被告行政机关行使法律规定的自由裁量权的案件可以进行调解。本案中，秦州市通信管理局依据《网络安全法》第64条规定进行处罚，而在这一法律条文中授权秦州市通信管理局有权对违法主体处以100万元以下的罚款，这属于法定的自由裁量权。因此，对于秦州市通信管理局依据法定裁量权作出的罚款50万元的决定，法院有权依法进行调解。

【相关重点法条】

《行政诉讼法》第60条第1款规定："人民法院审理行政案件，不适用调解。但是，行政赔偿、补偿以及行政机关行使法律、法规规定的自由裁量权的案件可以调解。"

六、对于秦州市通信管理局不履行行政调解书的行为，法院该如何处理？

【黄文涛参考答案】

答：根据《行政诉讼法》第96条规定，法院应采取以下措施——

1. 法院可对秦州市通信管理局的负责人按日处以50至100元的罚款。

2. 法院可将秦州市通信管理局拒绝履行行政调解书的情况予以公告。

3. 法院可向监察机关或者秦州市通信管理局的上一级行政机关提出司法建议。

4. 如果拒不履行行政调解书，社会影响恶劣的，法院可对秦州市通信管理局内直接负责的主管人员和其他直接责任人员予以拘留。情节严重，构成犯罪的，依法追究刑事责任。

【相关重点法条】

《行政诉讼法》第96条规定："行政机关拒绝履行判决、裁定、调解书的，第一审人民法院可以采取下列措施：（一）对应当归还的罚款或者应当给付的款额，通知银行从该行政机关的账户内划拨；（二）在规定期限内不履行的，从期满之日起，对该行政机关负责人按日处五十元至一百元的罚款；（三）将行政机关拒绝履行的情况予以公告；（四）向监察机关或者该行政机关的上一级行政机关提出司法建议。接受司法建议的机关，根据有关规定进行处理，并将处理情况告知人民法院；（五）拒不履行判决、裁定、调解书，社会影响恶劣的，可以对该行政机关直接负责的主管人员和其他直接责任人员予以拘留；情节严重，构成犯罪的，依法追究刑事责任。"

＊＊＊本题涉及重点考点＊＊＊

一、检察院提起的行政公益诉讼的程序

二、行政诉讼的判决类型（确认违法判决）

三、行政许可的设定权限

四、行政处罚的适用规则（首违不罚）

五、行政诉讼中的调解

六、行政诉讼裁判的执行方式

案例七

秦州市人民代表大会制定了地方性法规《秦州市道路交通安全管理条例》（简称《管理条例》），其中规定在本市市区主干道上不准外牌电动自行车通行，否则交警部门有权将车扣留并托运回电动自行车的上牌地。

2021年5月，夏侯门在秦州市市区主干道上骑行一辆外牌电动自行车，被秦州市宋城区公安交警大队的交警拦下，随即电动自行车被扣留并托运回上牌地。夏侯门经过查询发现，我国《道路交通安全法》的规定中，并没有将扣押的电动自行车托运回上牌地的规定。于是，夏侯门向宋城区公安局申请复议，要求宋城区公安局审查公安交警大队的行为，并附带审查《管理条例》的合法性。宋城区公安局受理复议申请后，启动附带审查《管理条例》的程序，经过审查认为该条例中的规定没有与上位法冲突，作出维持《管理条例》和宋城区公安交警大队行为的复议决定。

夏侯门不服复议决定，以宋城区公安交警大队为被告向法院起诉。法院认为本案应由宋城区公安局与公安交警大队作为共同被告，于是直接将宋城区公安局列为共同被告，并通知其出庭应诉。

法院在审理过程中，主审法官认为《管理条例》存在与上位法冲突的问题，主动决定启动附带审查程序，经过审查后认定《管理条例》的相关规定与上位法不一致，作出确认《管理条例》无效的判决。

依据以上案情回答以下问题：

一、扣留电动自行车并托运回上牌地的法律性质是什么？《秦州市道路交通安全管理条例》中的这一规定是否符合上位法？

二、本题行政复议案件中的附带审查程序存在哪些违法之处？

三、法院直接将宋城区公安局列为共同被告是否合法？本案的级别管辖法院是哪一级法院？为什么？

四、本题行政诉讼中的附带审查程序存在哪些违法之处？

五、假设宋城区公安交警大队依据宋城区政府制定的规范性文件《宋城区交通管理规则》（简称《管理规则》）作出行政处理决定，夏侯门起诉该行政处理决定，法院审查过程中认为《管理规则》违反上位法，能否主动启动附带审查程序？

六、在第五问的案情中，法院如果合法启动了对《管理规则》的附带审查程序，经过审查发现《管理规则》严重违反了制定程序，应该如何处理？

＊ ＊ ＊ 参考答案与重点法条 ＊ ＊ ＊

一、扣留电动自行车并托运回上牌地的法律性质是什么？《秦州市道路交通安全管理条例》中的这一规定是否符合上位法？

【黄文涛参考答案】

答：对本题的回答如下——

第一，该行为属于行政强制措施行为。根据《行政强制法》第2条第2款规定，行政强制措施是指行政机关为制止违法行为、防止证据损毁、避免危害发生、控制危险扩大等，依法对公民的人身自由实施暂时性限制，或者对各类社会主体的财物实施暂时性控制的行为。本案中，扣留电动自行车并托运回上牌地属于对车主财物的暂时性控制行为，目的是为了防止外牌电动自行车在本市市区主干道上行驶，符合行政强制措施的法律特性，应属于行政强制措施行为。

第二，不符合上位法的规定。依据《行政强制法》第10条第3款的规定，地方性法规在上位法没有设定行政强制措施时，只能设定查封、扣押两种行政强制措施，无权设定其他新种类的行政强制措施。本案中，《秦州市道路交通安全管理条例》的法律性质属于地方性法规，无权设定除了查封、扣押以外新种类的行政强制措施。扣留电动自行车并托运回上牌地属于新种类的行政强制措施，所以这一地方性法规的规定违反了《行政强制法》的规定。

【相关重点法条】

《行政强制法》第2条第2款规定："行政强制措施，是指行政机关在行政管理过程中，为制止违法行为、防止证据损毁、避免危害发生、控制危险扩大等情形，依法对公民的人身自由实施暂时性限制，或者对公民、法人或者其他组织的财物实施暂时性控制的行为。"

《行政强制法》第9条规定："行政强制措施的种类：（一）限制公民人身自由；（二）查封场所、设施或者财物；（三）扣押财物；（四）冻结存款、汇款；（五）其他行政强制措施。"

《行政强制法》第10条第3款规定："尚未制定法律、行政法规，且属于地方性事务的，地方性法规可以设定本法第九条第二项、第三项的行政强制措施。"

二、本题行政复议案件中的附带审查程序存在哪些违法之处？

【黄文涛参考答案】

答：附带审查程序存在以下违法之处——

1. 夏侯门无权申请复议机关启动附带审查地方性法规的程序。根据《行政复议法》第26条和第7条规定，申请人在申请行政复议时，有权一并提出对效力低于规章的行政规范性文件的审查申请。本案中，《秦州市道路交通安全管理条例》属于地方性法规，因此复议申请人夏侯门在申请复议时无权申请复议机关启动附带审查程序。

2. 宋城区公安局无权对《秦州市道路交通安全管理条例》进行处理，它只有权启动复议附带审查程序，然后逐级上报给有权的国家机关进行处理。根据《行政复议法》第27条规定，行政复议机关有权启动对具体行政行为的附带审查程序。但是如果其无权处理时，应当在7日内转送给有权的国家机关处理。本案中，宋城区公安局作为复议机关无权对地方性法规的问题进行处理，它只能在启动附带审查程序后，将《秦州市道路交通安全管理条例》这一地方性法规转交给有权的国家机关（如制定机关秦州市人大）进行处理。

【相关重点法条】

《行政复议法》第7条规定："公民、法人或者其他组织认为行政机关的具体行政行为所依据的下列规定不合法，在对具体行政行为申请行政复议时，可以一并向行政复议机关提出对该规定的审查申请：（一）国务院部门的规定；（二）县级以上地方各级人民政府及其工作部门的规定；（三）乡、镇人民政府的规定。前款所列规定不含国务院部、委员会规章和地方人民政府规章。规章的审查依照法律、行政法规办理。"

《行政复议法》第26条规定："申请人在申请行政复议时，一并提出对本法第七条所列有关规定的审查申请的，行政复议机关对该规定有权处理的，应当在三十日内依法处理；无权处理的，应当在七日内按照法定程序转送有权处理的行政机关依法处理，有权处理的行政机关应当在六十日内依法处理。处理期间，中止对具体行政行为的审查。"

《行政复议法》第27条规定："行政复议机关在对被申请人作出的具体行政行为进行审查时，认为其依据不合法，本机关有权处理的，应当在三十日内依法处理；无权处理的，应当在七日内按照法定程序转送有权处理的国家机关依法处理。处理期间，中止对具体行政行为的审查。"

三、法院直接将宋城区公安局列为共同被告是否合法？本案的级别管辖法院是哪一级法院？为什么？

【黄文涛参考答案】

答：对本题的回答如下——

第一，法院直接将宋城区公安局列为共同被告不合法。根据最高法院2018年《行政诉讼法司法解释》第134条第1款规定，在复议维持后共同被告的案件中，如果原告只起诉原行政机关或复议机关，则法院应告知原告追加被告。原告不同意追加时，法院才应将另一个行政机关列为共同被告。本案中，法院应先告知夏侯门追加宋城区公安局为共同被告，在其不同意追加时，才可以将宋城区公安局列为共同被告。

第二，本案的级别管辖法院是基层法院。根据最高法院2018年《行政诉讼法司法解释》第134条第3款规定，复议机关作为共同被告的案件，以作出原行政行为的行政机关确定级别管辖法院。本案中，作出原行政行为的行政机关是宋城区公安交警大队，属于普通的行政机关，所以级别管辖法院应是基层法院。

【相关重点法条】

最高法院2018年《行政诉讼法司法解释》第134条第1款规定："复议机关决定维持原行政行为的，作出原行政行为的行政机关和复议机关是共同被告。原告只起诉作出原行政行为的行政机关或者复议机关的，人民法院应当告知原告追加被告。原告不同意追加的，人民法院应当将另一机关列为共同被告。"

最高法院2018年《行政诉讼法司法解释》第134条第3款规定："复议机关作共同被告的案件，以作出原行政行为的行政机关确定案件的级别管辖。"

四、本题行政诉讼中的附带审查程序存在哪些违法之处？

【黄文涛参考答案】

答：附带审查程序存在以下违法之处——

1. 法院主动启动附带审查程序是违法的。根据《行政诉讼法》第53条第1款规定，在行政诉讼中附带审查规范性文件程序只能依据原告的申请启动，法院无权依职权主动启动附带审查程序。因此本案中，法院主动启动对《管理条例》的附带审查程序是违法的。

2. 法院附带审查地方性法规是违法的。根据《行政诉讼法》第53条第2款规定，行政诉讼的附带审查规范性文件程序中，法院只有权对效力低于规章的行政规范性文件进行审查，而无权对效力等于或高于规章的法律文件进行附带审查。本案中，《管理条例》属于地方性法规，所以法院无权在行政诉讼中对其进行审查。

3. 法院启动附带审查程序后，即使认定审查对象与上位法冲突，也无权作出确认无效的判决。根据《行政诉讼法》第64条第1款规定，法院经过审查认定规范性文件与上位法冲突，只能不作为认定被诉行政行为合法的依据。本案中，即使法院依法启动了附带审查程序，认定审查对象与上位法冲突，也无权作出确认违法的判决，而只能不作为认定被诉行政行为合法的依据。

【相关重点法条】

《行政诉讼法》第53条第1款规定："公民、法人或者其他组织认为行政行为所依据的国务院部门和地方人民政府及其部门制定的规范性文件不合法，在对行政行为提起诉讼时，可以一并请求对该规范性文件进行审查。"

《行政诉讼法》第53条第2款规定："前款规定的规范性文件不含规章。"

《行政诉讼法》第64条规定："人民法院在审理行政案件中，经审查认为本法第五十三条规定的规范性文件不合法的，不作为认定行政行为合法的依据，并向制定机关提出处理建议。"

五、假设宋城区公安交警大队依据宋城区政府制定的规范性文件《宋城区交通管理规则》（简称《管理规则》）作出行政处理决定，夏侯门起诉该行政处理决定，法院审查过程中认为《管理规则》违反上位法，能否主动启动附带审查程序？

【黄文涛参考答案】

答：法院无权主动启动对《管理规则》的附带审查程序。

根据《行政诉讼法》第53条第1款的规定，行政诉讼中一并提起附带审查规范性文件的程序应当由原告起诉时提出，法院无权主动启动该程序。因此本案中，即使宋城区交警大队作出行政处理决定依据的是宋城区政府制定的规范性文件《管理规则》，法院也无权主动启动附带审查程序。

【相关重点法条】

《行政诉讼法》第53条第1款规定："公民、法人或者其他组织认为行政行为所依据的国务院部门和地方人民政府及其部门制定的规范性文件不合法，在对行政行为提起诉讼时，可以一并请求对该规范性文件进行审查。"

六、在第五问的案情中，法院如果合法启动了对《管理规则》的附带审查程序，经过审查发现《管理规则》严重违反了制定程序，应该如何处理？

【黄文涛参考答案】

答：根据最高法院2018年《行政诉讼法司法解释》第147、149、150条的规定，法院有以下处理方式：

1. 法院发现《管理规则》制定程序违法，应当听取制定机关宋城区政府的意见，如果宋城区政府申请出庭陈述意见的应当准许。宋城区政府未陈述意见或未提供证明材料，不阻止法院对规范性文件的审查。

2. 法院如果认定《管理规则》制定程序违法，不作为认定被诉行政处理决定合法的依据，并在裁判理由中阐明。

3. 法院应当向制定机关宋城区政府提出处理建议，可以抄送给宋城区政府的上一级行政机关、监察机关及《管理规则》的备案机关。

4. 法院可以在裁判生效之日起3个月内向宋城区政府提出司法建议，宋城区政府应在60日内予以书面答复。情况紧急时，法院还可以建议宋城区政府或上一级行政机关立即停止执行该规范性文件。

5. 法院应当在裁判生效后报送上一级法院备案。

【相关重点法条】

最高法院 2018 年《行政诉讼法司法解释》第 147 条规定："人民法院在对规范性文件审查过程中，发现规范性文件可能不合法的，应当听取规范性文件制定机关的意见。制定机关申请出庭陈述意见的，人民法院应当准许。行政机关未陈述意见或者未提供相关证明材料的，不能阻止人民法院对规范性文件进行审查。"

最高法院 2018 年《行政诉讼法司法解释》第 149 条规定："人民法院经审查认为行政行为所依据的规范性文件合法的，应当作为认定行政行为合法的依据；经审查认为规范性文件不合法的，不作为人民法院认定行政行为合法的依据，并在裁判理由中予以阐明。作出生效裁判的人民法院应当向规范性文件的制定机关提出处理建议，并可以抄送制定机关的同级人民政府、上一级行政机关、监察机关以及规范性文件的备案机关。规范性文件不合法的，人民法院可以在裁判生效之日起三个月内，向规范性文件制定机关提出修改或者废止该规范性文件的司法建议。规范性文件由多个部门联合制定的，人民法院可以向该规范性文件的主办机关或者共同上一级行政机关发送司法建议。接收司法建议的行政机关应当在收到司法建议之日起六十日内予以书面答复。情况紧急的，人民法院可以建议制定机关或者其上一级行政机关立即停止执行该规范性文件。"

最高法院 2018 年《行政诉讼法司法解释》第 150 条规定："人民法院认为规范性文件不合法的，应当在裁判生效后报送上一级人民法院进行备案。涉及国务院部门、省级行政机关制定的规范性文件，司法建议还应当分别层报最高人民法院、高级人民法院备案。"

＊＊＊本题涉及重点考点＊＊＊

一、行政行为的法律性质判断
二、行政复议中的附带审查制度
三、复议维持后起诉案件的诉讼程序
四、行政诉讼中的附带审查制度

案例八

地虎房地产公司为了准确识别客户，在开发的楼盘售楼处安装了人脸识别系统，抓拍看房客户的脸部照片。秦州市市监局执法人员接到举报后前往现场调查取证，地虎房地产公司的经理要求执法人员出示执法证件，执法人员认为身着执法制服就已经证明自己的身份，无需出示。之后认为人脸识别设备存在灭失的可能，随即直接将现场的人脸识别设备实施先行登记保存，15 日后对地虎房地产公司做出责令改正、罚款 25 万元的决定。地虎房地产公司接受处罚。

慕容跃系中州大学的研究生，在撰写毕业论文时对个人生物信息的保护问题产生浓厚兴趣，得知地虎房地产公司被处罚的信息后，到秦州市市监局网站上查询行政处罚决定书，但是没有找到。他得知秦州市政府规定所有下属部门的数据都应汇总到秦州市政府办公厅的信息管理处，于是向秦州市政府申请信息公开，要求公开秦州市市监局对地虎房地产公司的行政处罚决定书。秦州市政府回复慕容跃，让其向秦州市市监局申请政府信息公开。

2021 年 3 月 5 日，慕容跃向秦州市市监局快递了信息公开申请书。3 月 6 日市监局的工作人员签收快递，3 月 7 日市监局决定受理并给慕容跃发送受理通知书。秦州市市监局在处理过程中，发现行政处罚决定书中包含了地虎房地产公司法定代表人司马过的住址、电话等个人隐私信息，于是发征求意见函征求司马过的意见，得到不愿意公开的答复后，市监局告知慕容跃由于行政处罚决定书包含了司马过的个人隐私信息，所以不予公开。

慕容跃对秦州市市监局的不予公开答复不服提起行政诉讼。法院受理后，在庭审中被告秦州市市监局提出不予公开的决定是根据秦州市政府制定的规章——《秦州市信息公开工作办法》作出的，该规章中明确规定包含被处罚人个人隐私信息的处罚决定书一律不予公开。法院审查认为该规章的这一规定与《政府信息公开条例》的规定相悖，判决秦州市市监局败诉。

依据上述案情回答以下问题：

一、秦州市市监局执法人员在对地虎房地产公司进行调查取证时，存在哪些程序违法之处？

二、秦州市市监局没有在官网上主动公布行政处罚决定书是否合法？为什么？

三、秦州市政府是否是市监局做出的处罚决定书的公开义务主体？为什么？

四、秦州市市监局对慕容跃的信息公开申请的答复期限如何计算？为什么？

五、司马过在接到秦州市市监局的征求意见函后，应当在多少时间内作出答复？如果司马过不答复，则秦州市市监局应该如何处理？

六、秦州市市监局认为行政处罚决定书包含了司马过的个人隐私信息，决定不予公开是否合法？为什么？

七、法院在审理慕容跃诉秦州市市监局不予公开信息的案件中，应如何适用《秦州市信息公开工作办法》作出判决？

＊＊＊参考答案与重点法条＊＊＊

一、秦州市市监局执法人员在对地虎房地产公司进行调查取证时，存在哪些程序违法之处？

【黄文涛参考答案】

答：存在以下程序违法之处——

1. 执法人员拒绝出示执法证件违法。根据《行政处罚法》第55条规定，执法人员在调查时应主动出示执法证件，当事人有权要求其出示执法证件，如果不出示执法证件的，当事人有权拒绝接受调查。本案中，被调查的地虎房地产公司经理依法有权要求秦州市市监局执法人员出示执法证件，执法人员拒绝出示的行为是违反法定程序的。

2. 执法人员直接将人脸识别设备先行登记保存是违法的。根据《行政处罚法》第56条规定，执法人员在证据可能灭失时，应经过负责人批准后实施先行登记保存。本案中，执法人员没有经过负责人批准，直接实施了证据的先行登记保存是违反程序的。

3. 执法人员在15日后做出处理决定是违法的。根据《行政处罚法》第56条规定，执法人员应在先行登记保存7日内及时做出处理决定。本案中，执法人员在先行登记保存15日后才做出处罚决定，已经超出了法定的期限。

【相关重点法条】

《行政处罚法》第55条第1款规定："执法人员在调查或者进行检查时，应当主动向当事人或者有关人员出示执法证件。当事人或者有关人员有权要求执法人员出示执法证件。执法人员不出示执法证件的，当事人或者有关人员有权拒绝接受调查或者检查。"

《行政处罚法》第56条规定："行政机关在收集证据时，可以采取抽样取证的方法；在证据可能灭失或者以后难以取得的情况下，经行政机关负责人批准，可以先行登记保存，并应当在七日内及时作出处理决定，在此期间，当事人或者有关人员不得销毁或者转移证据。"

二、秦州市市监局没有在官网上主动公布行政处罚决定书是否合法？为什么？

【黄文涛参考答案】

答：是合法的。

根据《政府信息公开条例》第20条规定，行政机关主动公开认为具有一定社会影响的行政处罚决定。可见只有行政机关认为具有一定社会影响的行政处罚决定才应主动公开。本案中，并未提及秦州市市监局认为对地虎房地产公司的处罚决定具有一定的社会影响力，所以它不主动公开该行政处罚决定书是合法的。

【相关重点法条】

《政府信息公开条例》第20条规定："行政机关应当依照本条例第十九条的规定，主动公开本行政机关的下列政府信息：……（六）实施行政处罚、行政强制的依据、条件、程序以及本行政机关认为具有一定社会影响的行政处罚决定；……"

三、秦州市政府是否是市监局做出的处罚决定书的公开义务主体？为什么？

【黄文涛参考答案】

答：秦州市政府不是市监局行政处罚决定书的公开义务主体。

根据《政府信息公开条例》第10条规定，行政机关获取的其他行政机关的政府信息，由制作或最初获取该政府信息的行政机关负责公开。本案中，秦州市政府从秦州市市监局处获取的行政处罚决定书信息，依法应当由最初制作该行政处罚决定书的秦州市市监局公开，秦州市政府并非法定的信息公开义务机关。

【相关重点法条】

《政府信息公开条例》第10条规定："行政机关制作的政府信息，由制作该政府信息的行政机关负责公开。行政机关从公民、法人和其他组织获取的政府信息，由保存该政府信息的行政机关负责公开；行政机关获取的其他行政机关的政府信息，由制作或者最初获取该政府信息的行政机关负责公开。法律、法规对政府信息公开的权限另有规定的，从其规定。行政机关设立的派出机构、内设机构依照法律、法规对外以自己名义履行行政管理职能的，可以由该派出机构、内设机构负责与所履行行政管理职能有关的政府信息公开工作。两个以上行政机关共同制作的政府信息，由牵头制作的行政机关负责公开。"

四、秦州市市监局对慕容跃的信息公开申请的答复期限如何计算？为什么？

【黄文涛参考答案】

答：答复期限为2021年3月6日起的20个工作日，经负责人批准可以延长20个工作日。

根据《政府信息公开条例》第33条规定，行政机关不能当场答复的，应在收到申请之日起20个工作日内答复，经批准可以延长20个工作日。并且根据《政府信息公开条例》第31条规定，申请人通过邮寄方式提出信息公开申请的，以行政机关签收之日为收到申请之日。本案中，慕容跃是通过快递提出信息公开申请，秦州市市监局是在2021年3月6日签收了快递，这意味着3月6日这一天就是收到申请之日，市监局的答复期限应是从这一天起算的20个工作日，经批准可以延长20个工作日。

【相关重点法条】

《政府信息公开条例》第31条规定："行政机关收到政府信息公开申请的时间，按照下列规定确定：（一）申请人当面提交政府信息公开申请的，以提交之日为收到申请之日；（二）申请人以邮寄方式提交政府信息公开申请的，以行政机关签收之日为收到申请之日；以平常信函等无需签收的邮寄方式提交政府信息公开申请的，政府信息公开工作机构应当于收到申请的当日与申请人确认，确认之日为收到申请之日；（三）申请人通过互联网渠道或者政府信息公开工作机构的传真提交政府信息公开申请的，以双方确认之日为收到申请之日。"

《政府信息公开条例》第33条规定："行政机关收到政府信息公开申请，能够当场答复的，应当当场予以答复。行政机关不能当场答复的，应当自收到申请之日起20个工作日内予以答复；需要延长答复期限的，应当经政府信息公开工作机构负责人同意并告知申请人，延长的期限最长不得超过20个工作日。行政机关征求第三方和其他机关意见所需时间不计算在前款规定的期限内。"

五、司马过在接到秦州市市监局的征求意见函后，应当在多少时间内作出答复？如果司马过不答复，则秦州市市监局应该如何处理？

【黄文涛参考答案】

答：根据《政府信息公开条例》第32条规定，对本题的回答如下——

第一，司马过应在收到秦州市市监局的征求意见函后15个工作日内作出答复。

第二，如果司马过不答复，则由秦州市市监局根据《政府信息公开条例》的规定决定是否公开。

【相关重点法条】

《政府信息公开条例》第32条规定："依申请公开的政府信息公开会损害第三方合法权益的，行政机关应当书面征求第三方的意见。第三方应当自收到征求意见书之日起15个工作日内提出意见。第三方逾期未提出意见的，由行政机关依照本条例的规定决定是否公开。第三方不同意公开且有合理理由的，行政机关不予公开。行政机关认为不公开可能对公共利益造成重大影响的，可以决定予以公开，并将决定公开的政府信息内容和理由书面告知第三方。"

六、秦州市市监局认为行政处罚决定书包含了司马过的个人隐私信息，决定不予公开是否合法？为什么？

【黄文涛参考答案】

答：不合法。

根据《政府信息公开条例》第37条规定，申请公开的信息中包含不应公开的内容，但能够做区分处理的，行政机关应当向申请人公开可以公开的信息内容。本案中，虽然行政处罚决定书中包含了司马过的个人隐私信息，但是这些信息和处罚决定书的其他信息可以作区分处理，因此秦州市市监局应区分处理后公开可以公开的信息，而不能决定都不予公开。

【相关重点法条】

《政府信息公开条例》第37条规定："申请公开的信息中含有不应当公开或者不属于政府信息的内容，但是能够作区分处理的，行政机关应当向申请人提供可以公开的政府信息内容，并对不予公开的内容说明理由。"

七、法院在审理慕容跃诉秦州市市监局不予公开信息的案件中，应如何适用《秦州市信息公开工作办法》作出判决？

【黄文涛参考答案】

答：法院应不适用规章《秦州市信息公开工作办法》，而是直接适用《政府信息公开条例》与《行政诉讼法》的相关规定做出判决。

根据《行政诉讼法》第63条的规定，法院审理行政诉讼案件参照规章。同时根据最高法院2018年《行政诉讼法司法解释》第100条规定，法院审理行政案件可以在裁判文书中引用合法有效的规章。可见在行政诉讼中法院只能适用合法有效的规章。本案中，秦州市政府制定的规章《秦州市信息公开工作办法》中的规定违反了作为上位法的行政法规《政府信息公开条例》的规定，所以法院不应适用该规章，而应直接适用其上位法《政府信息公开条例》的规定。

【相关重点法条】

《行政诉讼法》第63条规定："人民法院审理行政案件，以法律和行政法规、地方性法规为依据。地方性法规适用于本行政区域内发生的行政案件。人民法院审理民族自治地方的行政案件，并以该民族自治地方的自治条例和单行条例为依据。人民法院审理行政案件，参照规章。"

最高法院2018年《行政诉讼法司法解释》第100条规定："人民法院审理行政案件，适用最高人民法院司法解释的，应当在裁判文书中援引。人民法院审理行政案件，可以在裁判文书中引用合法有效的规章及其他规范性文件。"

＊＊＊本题涉及重点考点＊＊＊

一、行政处罚的调查取证程序

二、行政处罚决定的公开

三、政府信息公开的义务主体

四、依申请公开政府信息的程序（答复期限）

五、政府信息公开中征求第三方意见的程序

六、政府信息的区分公开程序

七、行政诉讼中的法律适用问题

案例九

　　中原省汉洲市自然资源局准备收回本市一块国有土地的使用权。根据地方性法规《中原省国有土地储备办法》的规定，汉洲市自然资源局的内设机构汉洲市土地储备中心拟定了国有土地使用权收回方案，然后由汉洲市自然资源局向汉洲市政府呈报《关于收回国有土地使用权的请示》。汉洲市政府经过审核后，作出《关于同意收回国有土地使用权的批复》（简称《批复》）。汉洲市自然资源局拿到《批复》后，未作出《国有土地使用权收回通知》，而是直接将《批复》交给土地储备中心付诸实施。

　　这块土地上一间房屋的房主慕容跃得知地块使用权要被收回后，向汉洲市政府申请公开批准同意收回国有土地使用权的《批复》。汉洲市政府答复称《批复》不存在，慕容跃于是向法院起诉（第一次诉讼），并提出证据证明一次政府新闻发布会的报道中提到过《批复》。汉洲市政府没有提出反驳的证据，法院判决汉洲市政府败诉。

　　汉洲市政府败诉后，向慕容跃公开了这份《批复》。慕容跃确认《批复》上确实载明批准收回自己房屋所在地块的国有土地使用权后，向法院提起行政诉讼（第二次诉讼），要求法院判决撤销这份《批复》。一审法院认为《批复》属于内部行政行为，不是行政诉讼的受案范围，裁定不予立案。

　　慕容跃不服裁定，向上级法院提起上诉。二审法院经过审理，认为一审法院的裁定确有错误，撤销一审裁定并指令受理。一审法院于是立案审理该案。在审理过程中，慕容跃提出《批复》中并没有载明收回国有土地使用权的相关法律依据，要求被告汉洲市政府明确这份《批复》的法律依据。但是汉洲市政府在诉讼中无法提供确切的法律依据，于是一审法院判决汉洲市政府败诉。

　　汉洲市政府败诉后，召开市政府协调会议，会议决定要求自然资源局依法履行法定职责。汉洲市自然资源局于是严格按照《中原省国有土地储备办法》中规定的程序收回了慕容跃房屋所在地的国有土地使用权。慕容跃对此非常不满，向汉洲市政府提出了100多项政府信息公开申请。汉洲市政府认为其滥用政府信息公开申请权，直接拒绝处理慕容跃的申请。

　　慕容跃重新提出政府信息公开申请，要求汉洲市政府公开在市政府协调会议中制作的会议记录，汉洲市政府拒绝公开。慕容跃继而向汉洲市政府申请公开其保存的、自然资源局实施土地使用权收回行为时制作的相关信息。汉洲市政府认为自己不是公开义务主体，仍然拒绝公开。

本案相关法条：

《中原省国有土地储备办法》第十一条："以收回方式储备国有土地应当遵循下列程序：

　　（一）拟订方案。以收回方式储备国有土地的，土地储备机构应当拟订国有土地使用权收回方案。

　　（二）方案审核。土地储备机构应当将国有土地使用权收回方案报县（市）以上地方人民政府国土资源行政主管部门。

　　（三）报经批准。审核同意的国有土地使用权收回方案，由县（市）以上地方人民政府国土资源行政主管部门报依法有批准权的人民政府批准。

（四）土地使用权收回通知。县（市）以上地方人民政府国土资源行政主管部门应当根据有批准权的人民政府的批准决定，向土地使用权人下达土地使用权收回通知。"

依据上述案情回答以下问题：

一、在慕容跃提起的第一次诉讼中，法院的判决是否正确？为什么？

二、在慕容跃起诉《批复》的案件中，一审法院是否应裁定立案？为什么？

三、第二次诉讼中法院判决汉洲市政府败诉，应作出什么类型的判决？为什么？

四、汉洲市政府直接拒绝处理慕容跃的政府信息公开申请是否合法？为什么？

五、汉洲市政府召开的市政府协调会议上的会议记录是否属于政府信息公开范围？为什么？

六、对于自然资源局实施土地使用权收回行为时制作的信息，汉洲市政府是否属于法定的公开义务主体？为什么？

＊＊＊参考答案与重点法条＊＊＊

一、在慕容跃提起的第一次诉讼中，法院的判决是否正确？为什么？

【黄文涛参考答案】

答：法院的判决正确。

根据最高法院指导案例101号的裁判要点，在政府信息公开案件中，如果被告以信息不存在为由答复原告，原告提交信息存在的初步证据，被告不能提供反证并证明已经尽到充分的查找、检索义务的，法院不支持被告关于政府信息不存在的主张。本案中，被告汉洲市政府答复原告慕容跃《批复》不存在，但是在慕容跃提出新闻发布会的报道证明《批复》存在时，被告又无法提供反证，所以法院应判决其败诉。

【相关裁判要点】

最高法院指导案例101号"罗元昌诉重庆市彭水苗族土家族自治县地方海事处政府信息公开案"裁判要点：在政府信息公开案件中，被告以政府信息不存在为由答复原告的，人民法院应审查被告是否已经尽到充分合理的查找、检索义务。原告提交了该政府信息系由被告制作或者保存的相关线索等初步证据后，若被告不能提供相反证据，并举证证明已尽到充分合理的查找、检索义务的，人民法院不予支持被告有关政府信息不存在的主张。

二、在慕容跃起诉《批复》的案件中，一审法院是否应裁定立案？为什么？

【黄文涛参考答案】

答：一审法院应当裁定立案。

根据最高法院指导案例22号的裁判要点，地方政府对所属行政管理部门的批复一般属于内部行政行为。但是如果行政管理部门直接将批复付诸实施，并对行政相对人的权利义务产生实际影响，则行政相对人起诉该批复时，法院应当依法受理。本案中，汉洲市自然资源局向汉洲市政府报送收回国有土地使用权的请示，汉洲市政府做出批准收回的《批复》后，自然资源局本应依法做出一份收回国有土地使用权的通知并实施。但是，自然资源局却直接将汉洲市政府的《批复》付诸实施，收回了慕容跃房屋所在的地块使用权，这就使得《批复》直接对行政相对人慕容跃的权利义务产生了实际影响，故而慕容跃起诉《批复》时，法院应依法受理。

【相关裁判要点】

最高法院指导案例22号"魏永高、陈守志诉来安县人民政府收回土地使用权批复案"裁判要点：地方人民政府对其所属行政管理部门的请示作出的批复，一般属于内部行政行为，不可对此提起诉讼。但行政管理部门直接将该批复付诸实施并对行政相对人的权利义务产生了实际影响，行政相对人对该批复不服提起诉讼的，人民法院应当依法受理。

三、第二次诉讼中法院判决汉洲市政府败诉，应作出什么类型的判决？为什么？

【黄文涛参考答案】

答：一审法院应做出撤销《批复》的判决。

根据最高法院指导案例 41 号的裁判要点，行政机关作出的行政行为没有引用具体法律条款，且在诉讼中不能证明行政行为符合法律的具体规定，应视为没有法律依据，属于适用法律错误。同时根据《行政诉讼法》第 70 条规定，被诉行政行为适用法律、法规错误的，法院判决撤销。本案中，被告汉洲市政府的《批复》中没有引用收回国有土地使用权的具体法律条文，且在诉讼中也无法提供确切的法律依据，根据最高法院指导案例的裁判要点属于适用法律错误，依法应当判决撤销。

【相关重点法条和裁判要点】

最高法院指导案例 41 号"宣懿成等诉浙江省衢州市国土资源局收回国有土地使用权案"裁判要点：行政机关作出具体行政行为时未引用具体法律条款，且在诉讼中不能证明该具体行政行为符合法律的具体规定，应当视为该具体行政行为没有法律依据，适用法律错误。

《行政诉讼法》第 70 条规定："行政行为有下列情形之一的，人民法院判决撤销或者部分撤销，并可以判决被告重新作出行政行为：（一）主要证据不足的；（二）适用法律、法规错误的；（三）违反法定程序的；（四）超越职权的；（五）滥用职权的；（六）明显不当的。"

四、汉洲市政府直接拒绝处理慕容跃的政府信息公开申请是否合法？为什么？

【黄文涛参考答案】

答：不合法。

根据《政府信息公开条例》第 35 条规定，申请人申请公开的信息数量、频次明显超过合理范围，行政机关可以要求申请人说明理由，认为理由不合理的则不予处理。本案中，虽然慕容跃申请的政府信息数量明显超过合理范围，但是汉洲市不能直接拒绝处理，而是应该要求慕容跃说明理由，也即给与慕容跃说明理由的机会，认为理由不合理的，才能不予处理。

【相关重点法条】

《政府信息公开条例》第 35 条规定："申请人申请公开政府信息的数量、频次明显超过合理范围，行政机关可以要求申请人说明理由。行政机关认为申请理由不合理的，告知申请人不予处理；行政机关认为申请理由合理，但是无法在本条例第三十三条规定的期限内答复申请人的，可以确定延迟答复的合理期限并告知申请人。"

五、汉洲市政府召开的市政府协调会议上的会议记录是否属于政府信息公开范围？为什么？

【黄文涛参考答案】

答：不属于信息公开范围。

根据《政府信息公开条例》第 16 条第 2 款规定，行政机关在履行行政管理职能过程中形成的讨论记录等过程性信息可以不予公开。本案中，市政府协调会议上形成的会议记录就属于此类过程性信息，并未对外部主体的权利义务产生直接影响，因此不属于政府信息公开的范围。

【相关重点法条】

《政府信息公开条例》第16条第2款规定："行政机关在履行行政管理职能过程中形成的讨论记录、过程稿、磋商信函、请示报告等过程性信息以及行政执法案卷信息，可以不予公开。法律、法规、规章规定上述信息应当公开的，从其规定。"

六、对于自然资源局实施土地使用权收回行为时制作的信息，汉洲市政府是否属于法定的公开义务主体？为什么？

【黄文涛参考答案】

答：汉洲市政府不是公开义务主体。

根据《政府信息公开条例》第10条第1款规定，行政机关获取的其他行政机关的政府信息，由制作或最初获取该政府信息的行政机关负责公开。本案中，对于自然资源局制作的政府信息，虽然汉洲市政府保存了该信息，但是信息公开义务主体应是最初制作该信息的自然资源局，而非汉洲市政府。

【相关重点法条】

《政府信息公开条例》第10条第1款规定："行政机关制作的政府信息，由制作该政府信息的行政机关负责公开。行政机关从公民、法人和其他组织获取的政府信息，由保存该政府信息的行政机关负责公开；行政机关获取的其他行政机关的政府信息，由制作或者最初获取该政府信息的行政机关负责公开。法律、法规对政府信息公开的权限另有规定的，从其规定。"

＊＊＊本题涉及重点考点＊＊＊

一、政府信息公开诉讼的举证责任

二、行政诉讼的受案范围（内部行政行为的外部化）

三、行政诉讼的裁判类型（撤销判决）

四、申请公开政府信息的程序

五、政府信息公开的范围

六、政府信息公开的义务主体

案例十

宇文法就读于一所高校，大二时参加期末考试夹带小抄进入考场，被监考老师发现报至校方。校方作出取消宇文法学籍的处理决定，但是由于程序交接问题，处理决定没有通知宇文法。之后宇文法继续在这一高校学习，直到毕业时高校才告知这一处理决定，并拒绝给宇文法颁发学位证和毕业证。宇文法不服提起行政诉讼，法院受理后判决高校败诉。

宇文法毕业后在唐城区后开了一家餐馆。经营过程中，唐城区市场监管局执法人员在检查时发现餐馆使用了地沟油，于是作出责令停产停业1个月的处罚决定。在执法过程中，餐馆的厨师与执法人员欧阳龙发生冲突，被执法人员欧阳龙打伤后医治无效死亡，之后欧阳龙被当地的监察委员会认定为滥用职权，并给与了政务处分。宇文法为厨师支付了医疗费和丧葬费，接着向唐城区市场监管局提出行政赔偿请求。唐城区市场监管局认为宇文法不具有赔偿请求人的资格，拒绝作出赔偿处理决定，于是宇文法向法院提起行政赔偿诉讼（第一次行政赔偿诉讼）。法院经过审理后，判决宇文法胜诉。

与此同时，宇文法对责令停产停业的处罚决定不服，向唐城区政府申请复议。唐城区政府受理复议后，作出了将原处罚决定改为停产停业2个月的复议决定。宇文法不服复议决定，同时认为复议决定扩大了自身的损失，提起行政诉讼并要求法院判决被告对自身的损失进行赔偿（第二次行政赔偿诉讼）。法院受理后再次判决宇文法胜诉。

宇文法之后开办了一家苗木公司——天王公司。天王公司为了培育苗木在附近的山林中砍伐了许多树木，附近村民举报后唐城区林业局执法人员于2021年5月13日责令天王公司在1个月内恢复原状，并罚款5000元，要求15日内缴纳。天王公司没有在规定期限内恢复砍伐的树木，于是唐城区林业局让地虎公司通过代履行程序补充树木。同时天王公司也未在15日内缴纳罚款，唐城区林业局于2021年5月30日向法院申请强制执行罚款。

法院裁定执行罚款后，唐城区林业局的执行人员前往银行准备强制划拨罚款。宇文法得知后前往银行阻止，与执行人员发生激烈冲突。冲突中宇文法被执行人员摔倒，后经过鉴定为轻伤。宇文法再次向法院提起行政赔偿诉讼（第三次行政赔偿诉讼）。

根据以上案情回答以下问题：

一、宇文法不服高校拒绝颁发学位证和毕业证的决定，是否有权提起行政诉讼？高校拒绝颁发学位证和毕业证的行为是否合法？为什么？

二、宇文法为厨师支付相关费用后，是否有权申请行政赔偿？

三、宇文法提起的第一次行政赔偿诉讼是否属于一并提起的行政赔偿诉讼？为什么？

四、在第二次行政赔偿诉讼中，被告应该如何确定？如果宇文法坚持起诉唐城区政府的，法院应如何处理？

五、唐城区林业局实施的代履行应经过哪些程序？

六、唐城区林业局向法院申请强制执行罚款的期限是否合法？为什么？

七、天王公司到期不缴纳5000元的罚款，唐城区林业局可以采取何种间接强制执行手段？对于这种强制执行手段有哪些法定程序要求？

八、在第三次行政赔偿诉讼中，宇文法是否有权获得精神损害抚慰金？如果有权获得，则数额如何计算？

＊＊＊参考答案与重点法条＊＊＊

一、宇文法不服高校拒绝颁发学位证和毕业证的决定，是否有权提起行政诉讼？高校拒绝颁发学位证和毕业证的行为是否合法？为什么？

【黄文涛参考答案】

答：对本题的回答如下——

第一，宇文法有权提起行政诉讼。根据最高法院指导案例 38 号的裁判要点一的规定，高等学校对受教育者因违反校规而拒绝颁发学历证书、学位证书，受教育者不服的，可以依法提起行政诉讼。本案中，高校因宇文法的考试作弊行为而拒绝颁发学位证和毕业证，宇文法有权提起行政诉讼。

第二，高校的行为是违法的。根据最高法院指导案例 38 号的裁判要点三的规定，高等学校对因违反校规的受教育者作出影响其基本权利的决定时，应当允许其申辩并在决定作出后及时送达，否则视为违反法定程序。本案中，高校作出了对宇文法的取消学籍处理决定，这一处理决定影响了慕容跃享有的基本权利——受教育权。但这一处理决定作出后没有送达给慕容跃，也没有听取慕容跃的申辩意见，属于违反法定程序的行为，由此高校拒绝颁发学位证和毕业证的行为是违法的。

【相关裁判要点】

最高法院指导案例 38 号"田永诉北京科技大学拒绝颁发毕业证、学位证案"

裁判要点 1：高等学校对受教育者因违反校规、校纪而拒绝颁发学历证书、学位证书，受教育者不服的，可以依法提起行政诉讼。

裁判要点 2：高等学校依据违背国家法律、行政法规或规章的校规、校纪，对受教育者作出退学处理等决定的，人民法院不予支持。

裁判要点 3：高等学校对因违反校规、校纪的受教育者作出影响其基本权利的决定时，应当允许其申辩并在决定作出后及时送达，否则视为违反法定程序。

二、宇文法为厨师支付相关费用后，是否有权申请行政赔偿？

【黄文涛参考答案】

答：宇文法有权申请行政赔偿。

根据最高法院 2022 年《关于审理行政赔偿案件若干问题的规定》第 7 条的规定，受害公民死亡的，为其支付医疗费、丧葬费等费用的人有权提起行政赔偿诉讼。本案件，厨师死亡后宇文法为其支付了相关费用，依法有权申请行政赔偿。

【相关重点法条】

最高法院 2022 年《关于审理行政赔偿案件若干问题的规定》第 7 条第 2 款："受害的公民死亡，支付受害公民医疗费、丧葬费等合理费用的人可以依法提起行政赔偿诉讼。"

三、宇文法提起的第一次行政赔偿诉讼是否属于一并提起的行政赔偿诉讼？为什么？

【黄文涛参考答案】

答：不属于一并提起的行政赔偿诉讼。

根据最高法院 2022 年《关于审理行政赔偿案件若干问题的规定》第 13 条规定，在行政行为未被确认违法时，提起行政赔偿诉讼的才视为一并提起行政赔偿诉讼。同一司法解释第 18 条规定，如果实施行政行为的工作人员因该行为被确认为滥用职权的，属于行政行为被确认为违法的情形。本案中，唐城区市场监管局的执法人员欧阳龙被监察委员会认定为滥用职权并给与政务处分，意味着之前的执法行为已经被确认为违法，所以此时欧阳龙提起行政赔偿诉讼应属于单独提起的行政赔偿诉讼，不属于一并提起的行政赔偿诉讼。

【相关重点法条】

最高法院 2022 年《关于审理行政赔偿案件若干问题的规定》第 13 条第 1 款规定："行政行为未被确认为违法，公民、法人或者其他组织提起行政赔偿诉讼的，人民法院应当视为提起行政诉讼时一并提起行政赔偿诉讼。"

最高法院 2022 年《关于审理行政赔偿案件若干问题的规定》第 18 条规定："行政行为被有权机关依照法定程序撤销、变更、确认违法或无效，或者实施行政行为的行政机关工作人员因该行为被生效法律文书或监察机关政务处分确认为渎职、滥用职权的，属于本规定所称的行政行为被确认为违法的情形。"

四、在第二次行政赔偿诉讼中，被告应该如何确定？如果宇文法坚持起诉唐城区政府的，法院应如何处理？

【黄文涛参考答案】

答：对本题的回答如下——

第一，应该以唐城区市场监管局和唐城区政府作为共同被告。根据最高法院 2022 年《关于审理行政赔偿案件若干问题的规定》第 9 条规定，复议决定加重损害的，应以复议机关与原行政机关为共同被告。本案中，复议机关唐城区政府加重了对宇文法的处罚，将停产停业期限由 1 个月改为 2 个月，此时宇文法起诉应当以唐城区政府和唐城区市场监管局作为共同被告。

第二，法院应将唐城区市场监管局追加为第三人。根据最高法院 2022 年《关于审理行政赔偿案件若干问题的规定》第 9 条规定，复议加重损害，且赔偿请求人只起诉复议机关的，法院应将未被起诉的机关追加为第三人。本案中，宇文法如果坚持只起诉复议机关唐城区政府，则法院应将唐城区市场监管局追加为第三人。

【相关重点法条】

最高法院 2022 年《关于审理行政赔偿案件若干问题的规定》第 9 条规定："原行政行为造成赔偿请求人损害，复议决定加重损害的，复议机关与原行政行为机关为共同被告。赔偿请求人坚持对作出原行政行为机关或者复议机关提起行政赔偿诉讼，以被起诉的机关为被告，未被起诉的机关追加为第三人。"

五、唐城区林业局实施的代履行应经过哪些程序？

【黄文涛参考答案】

答：根据《行政强制法》的规定，应经过以下程序——

1. 天王公司在限期内没有补种林木的，唐城区林业局应先对天王公司进行催告。如果经过催告仍不履行，则可以进入代履行程序。

2. 唐城区林业局向天王公司送达代履行决定书，载明相关的事项。

3. 在正式代履行三日前，唐城区林业局应再次催告天王公司履行补种义务。

4. 经催告天王公司仍不履行补种义务的，唐城区林业局可以开始实施代履行。

【相关重点法条】

《行政强制法》第 50 条："行政机关依法作出要求当事人履行排除妨碍、恢复原状等义务的行政决定，当事人逾期不履行，经催告仍不履行，其后果已经或者将危害交通安全、造成环境污染或者破坏自然资源的，行政机关可以代履行，或者委托没有利害关系的第三人代履行。"

《行政强制法》第51条："代履行应当遵守下列规定：（一）代履行前送达决定书，代履行决定书应当载明当事人的姓名或者名称、地址，代履行的理由和依据、方式和时间、标的、费用预算以及代履行人；（二）代履行三日前，催告当事人履行，当事人履行的，停止代履行；（三）代履行时，作出决定的行政机关应当派员到场监督；（四）代履行完毕，行政机关到场监督的工作人员、代履行人和当事人或者见证人应当在执行文书上签名或者盖章。代履行的费用按照成本合理确定，由当事人承担。但是，法律另有规定的除外。代履行不得采用暴力、胁迫以及其他非法方式。"

六、唐城区林业局向法院申请强制执行罚款的期限是否合法？为什么？

【黄文涛参考答案】

答：不合法。

根据《行政强制法》第53条规定，当事人在法定期限内不申请行政复议或者提起行政诉讼，又不履行行政决定的，没有行政强制执行权的行政机关可以自期限届满之日起三个月内申请人民法院强制执行。本案中，天王公司没有在罚款的履行期内缴纳罚款，此时唐城区林业局还不能申请法院强制执行，而是应该在其法定的救济期限（通常是6个月的起诉期限）届满后3个月内申请法院强制执行。因此唐城区林业局在2021年5月30日时申请法院强制执行的期限是违法的。

【相关重点法条】

《行政强制法》第53条规定："当事人在法定期限内不申请行政复议或者提起行政诉讼，又不履行行政决定的，没有行政强制执行权的行政机关可以自期限届满之日起三个月内，依照本章规定申请人民法院强制执行。"

七、天王公司到期不缴纳5000元的罚款，唐城区林业局可以采取何种间接强制执行手段？对于这种强制执行手段有哪些法定程序要求？

【黄文涛参考答案】

答：对本题的回答如下——

第一，唐城区林业局可以按照每日3%加处罚款。根据《行政强制法》第45条规定，行政机关作出金钱给付义务的决定后，当事人逾期不履行的，行政机关可以加处罚款。同时根据《行政处罚法》第72条规定，作出处罚决定的行政机关可以每日按罚款数额的3%加处罚款。因此本案中，如果天王公司到期不缴纳5000元的罚款，唐城区林业局可以采取按日加处3%罚款的强制执行手段。

第二，根据《行政强制法》第45、46条的规定，加处罚款的法定程序包括——

1. 加处罚款的标准应当告知被处罚人天王公司。

2. 加处罚款的数额不得超过罚款的数额（5000元）。

3. 加处罚款30日后，如果经过催告天王公司仍不履行缴纳罚款的义务，则唐城区林业局可以依法申请法院强制执行。

【相关重点法条】

《行政处罚法》第72条规定："当事人逾期不履行行政处罚决定的，作出行政处罚决定的行政机关可以采取下列措施：（一）到期不缴纳罚款的，每日按罚款数额的百分之三加处罚款，加处罚款的数额不得超出罚款的数额；（二）根据法律规定，将查封、扣押的财物拍卖、依法处理或者将冻结的存款、汇款划拨抵缴罚款；（三）根据法律规定，采取其他行政强制执行方式；（四）依照《中华人民共和国行政强制法》的规定申请人民法院强制执行。行政机关批准延期、分期缴纳罚款的，申请人民法院强制执行的期限，自暂缓或者分期缴纳罚款期限结束之日起计算。"

《行政强制法》第 45 条规定："行政机关依法作出金钱给付义务的行政决定，当事人逾期不履行的，行政机关可以依法加处罚款或者滞纳金。加处罚款或者滞纳金的标准应当告知当事人。加处罚款或者滞纳金的数额不得超出金钱给付义务的数额。"

《行政强制法》第 46 条第 1 款："行政机关依照本法第四十五条规定实施加处罚款或者滞纳金超过三十日，经催告当事人仍不履行的，具有行政强制执行权的行政机关可以强制执行。"

八、在第三次行政赔偿诉讼中，宇文法是否有权获得精神损害抚慰金？如果有权获得，则数额如何计算？

【黄文涛参考答案】

答：对本题的回答如下——

第一，宇文法有权获得精神损害赔偿。根据《国家赔偿法》第 35 条规定，因侵害当事人人身权造成严重后果的，应当支付相应的精神损害抚慰金。同时根据最高法院 2021 年《关于审理国家赔偿案件确定精神损害赔偿责任适用法律若干问题的解释》第 7 条第 1 款规定："有下列情形之一的，可以认定为国家赔偿法第三十五条规定的'造成严重后果'：……（二）受害人经鉴定为轻伤以上或者残疾；……"。本案中，宇文法被执行人员摔倒，鉴定为轻伤，符合司法解释对"严重后果"的界定，依法有权获得精神损害抚慰金。

第二，数额应在人身健康损害赔偿总金额 50% 以下酌定，一般不少于 1000 元。根据最高法院 2021 年《关于审理国家赔偿案件确定精神损害赔偿责任适用法律若干问题的解释》第 8 条规定，国家机关致人精神损害，造成严重后果的，精神损害抚慰金一般应当在人身自由赔偿金、生命健康赔偿金总额的百分之五十以下酌定。同一司法解释第 10 条规定，精神损害抚慰金的数额一般不少于一千元。本案中，宇文法被鉴定为轻伤，属于法定的造成严重后果的情形，依法应在其人身损害赔偿总金额 50% 以下确定精神损害抚慰金的数额，但一般不少于1000 元。

【相关重点法条】

《国家赔偿法》第 35 条规定："有本法第三条或者第十七条规定情形之一，致人精神损害的，应当在侵权行为影响的范围内，为受害人消除影响，恢复名誉，赔礼道歉；造成严重后果的，应当支付相应的精神损害抚慰金。"

最高法院 2021 年《关于审理国家赔偿案件确定精神损害赔偿责任适用法律若干问题的解释》第 7 条第 1 款规定："有下列情形之一的，可以认定为国家赔偿法第三十五条规定的'造成严重后果'：（一）无罪或者终止追究刑事责任的人被羁押六个月以上；（二）受害人经鉴定为轻伤以上或者残疾；（三）受害人经诊断、鉴定为精神障碍或者精神残疾，且与侵权行为存在关联；（四）受害人名誉、荣誉、家庭、职业、教育等方面遭受严重损害，且与侵权行为存在关联。"

最高法院 2021 年《关于审理国家赔偿案件确定精神损害赔偿责任适用法律若干问题的解释》第 8 条规定："致人精神损害，造成严重后果的，精神损害抚慰金一般应当在国家赔偿法第三十三条、第三十四条规定的人身自由赔偿金、生命健康赔偿金总额的百分之五十以下（包括本数）酌定；后果特别严重，或者虽然不具有本解释第七条第二款规定情形，但是确有证据证明前述标准不足以抚慰的，可以在百分之五十以上酌定。"

最高法院 2021 年《关于审理国家赔偿案件确定精神损害赔偿责任适用法律若干问题的解释》第 10 条第 1 款规定："精神损害抚慰金的数额一般不少于一千元；数额在一千元以上的，以千为计数单位。"

＊＊＊本题涉及重点考点＊＊＊

1. 行政诉讼受案范围
2. 行政赔偿的申请主体资格
3. 行政赔偿诉讼的程序
4. 行政赔偿诉讼的被告资格
5. 代履行的程序
6. 向法院申请强制执行的程序
7. 加处罚款的程序
8. 国家赔偿中的精神损害赔偿

附录：黄文涛的行政法主观题解题技巧

一、行政法主观题的题型分类
行政法主观题可以区分为"论述型主观题"和"案例分析型主观题"两种类型。

二、论述型主观题的解题技巧
（一）论述型主观题的解题方法
行政法六大基本原则是解答行政法论述题的通用工具。

（二）论述型主观题解题方法示例

【2010/卷4/七】近年来，为妥善化解行政争议，促进公民、法人或者其他组织与行政机关相互理解沟通，维护社会和谐稳定，全国各级法院积极探索运用协调、和解方式解决行政争议。2008年，最高人民法院发布《关于行政诉讼撤诉若干问题的规定》，从制度层面对行政诉讼的协调、和解工作机制作出规范，为促进行政争议双方和解，通过原告自愿撤诉实现"案结事了"提供了更大的空间。

近日，最高人民法院《人民法院工作年度报告（2009）》披露，"在2009年审结的行政诉讼案件中，通过加大协调力度，行政相对人与行政机关和解后撤诉的案件达43 280件，占一审行政案件的35.91%。"

总体上看，法院的上述做法取得了较好的社会效果，赢得了公众和社会的认可。但也有人担心，普遍运用协调、和解方式解决行政争议，与行政诉讼法规定的合法性审查原则不完全一致，也与行政诉讼的功能与作用不完全相符。

问题： 请对运用协调、和解方式解决行政争议的做法等问题谈谈你的意见。

答题要求： 1. 观点明确，逻辑严谨，说理充分，层次清晰，文字通畅；

2. 字数不少于500字。

【参考答案】

答：（亮明观点）第一，法院运用协调、和解方式解决行政争议的做法从总体上看符合行政法领域中的合法性原则，也符合行政法领域中的合理性原则。

黄文涛评注： 行政法的论述型主观题可严格按照三段论来进行写作，分别是亮明观点、阐述原则、分析案例。答案的第一段是亮明自己的观点，看看题目中的案例可以和哪个行政法基本原则相联系。本题案例我们可以用行政法的合法性原则和合理性原则进行分析。注意，这里并没有写"合法行政原则"与"合理行政原则"，而是换了一种说法，使用了"行政法中的合法性原则"与"行政法中的合理性原则"的表述，因为毕竟本题案例是一个行政诉讼制度的案例，而非行政机关作出的行政行为，不适合使用合法行政与合理行政的表述。

（阐述原则）第二，行政法中的合法性原则要求行政诉讼领域中法院的司法权力行使应当符合现有法律规定的要求，不得违反法律规定的内容。同时要求法院的司法权力行使应当得到法律的授权，如果没有法律的授权，则法院不能行使相应的权力。行政法中的合理性原则要求行政诉讼中，法院司法权力的行使应当符合比例原则的要求，其司法权力行使的方式应当有助于实现其行为目的，且应当采取对当事人损害最小的手段来实现相应的目的。

黄文涛评注： 行政法论述型主观题答案的第二段就是阐述相关行政法基本原则的内容，但是需要根据题目的不同表述，对行政法基本原则的内容进行转化，而不能死扣基本原则内涵。本段就是一个示范，结合题目中行政诉讼的和解制度，将行政法基本原则的内容进行了转化表述，而非机械的默写基本原则内涵。

（分析案例）第三，2008年最高人民法院发布《关于行政诉讼撤诉若干问题的规定》，从制度层面对行政诉讼的协调、和解工作机制作出规范，这实质上是为法院通过协调、和解的工作机制解决行政争议提供了法律依据，法院的协调和解工作方式获得了法律（广义）的授权，因此符合行政法中的合法性原则的要求。同时根据题意，法院采取协调、和解方式解决行政争议的目的在于使行政争议得到妥善的化解，促进行政机关与各类社会主体的相互理解沟通，促进整个社会和谐稳定的发展。而最高人民法院《工作年度报告（2009）》中载明行政相对人与行政机关和解后撤诉的案件达4万多件，占一审行政案件的35.91%。并且题目也表明法院协调、和解工作取得的社会效果很好，公众和社会给予了认可。这意味着法院采取协调、和解方式已经达到了其目的，并且取得了法律效果与社会效果的统一，符合行政法上比例原则的要求。可见，法院运用协调、和解方式解决行政争议既符合行政法上的合法性原则，也符合行政法上的合理性原则。

黄文涛评注：行政法论述型主观题答案的第三段就是要结合题目中的案例进行分析，这是主体内容。需要指出的是，此时千万不能照抄题目，否则就不会得分。但是，我们可以在写作第三段时，借用题目中的一些表述的内容，在题目表述内容的基础上，结合相关基本原则进行分析。这样，我们就不是凭空造出答案（这样会很难），而是在题目表述内容的基础上进行改变、增删，这样就会容易很多，而且不用担心字数不够的问题。

三、案例分析型主观题的解题技巧

（一）阅读案例的方法：黄文涛拧毛巾阅读法

第一步：先看每个案例所附的问题，总结出考点。此时可以回忆行政法宝典/行政法小绿皮（或核心内容表格归纳）中的知识区块，将其与考点相对应。同时通过先看案例中所附的问题，可以了解案例中的一些关键词（如各类主体、是否经过复议、诉讼等），带着这些关键词信息去阅读案例会更容易提炼案例中的干货信息。

【注意】问题中可能会出现个别自己不熟悉的内容，此时不要慌张，一定要坚信大多数问题都会在传统的考点范围内，并且把这些问题写对就足以拿到基本分，顺利通过考试。

第二步：带着问题去阅读题目中的案例和相关材料，在脑海里整理出案情的整体框架并将案例中的水分信息去掉，提炼干货信息，组装出案例的主体框架，避免被无关的水分信息所干扰。

【注意】这是一个需要训练的过程，开始如果不习惯可以在电脑上用打字的方式提炼出干货信息，顺利理出案例的主体框架，等熟练后就可以在阅读过程中自动在脑海中提炼。

第三步：开始写作答案，期间可以回看案例中的细节。

【注意】答题可用三段论答题法，详见下文所述。

（二）写作答案的方法：黄文涛三段论答题法

1. 案例分析型主观题的常见提问方式

（1）单点式："本案中清源公司是否具有行政诉讼的原告资格？为什么？"

（2）多点式："本案中法院在审理案件时存在哪些诉讼程序违法之处？"

（3）口袋式："宋城区市场监管局作出行政处罚应履行什么程序？"；"秦州市法院经过附带审查认为被诉行为所依据的《通知》存在问题该如何处理？"；"《行政许可法》对清源公司申请延续行政许可有效期有何要求？"；"简答汉州市城管局作出行政处罚决定时适用先行登记

保存的条件和程序。""本案中行政机关作出了几个具体行政行为？"等。

（4）理论式："汉州市城市规划局作出的《责令限期拆除违法建筑通知》属于什么性质的行政行为？"

2. 不同提问方式的回答方法

（1）单点式和多点式

指对于单点式和多点式的提问，考生可以依据三段论的答题法进行答题，这样就可以省去考试临场组织答案结构的时间耗费。

第一段："问啥答啥"（结论）。这一部分的关键点在于题目问什么，要直接答什么。也就是说应当针对提问直截了当地回答，不能云遮雾绕。改卷时是踩点给分的，改卷老师第一眼看到的第一句话如果就是答案，那么就会立即给分，印象也会很好。

第二段："援引法条"（大前提）。这一部分的关键点在于应当体现出你是在运用法条对问题进行分析。注意以下几点：

援引法条的注意事项

A. 不能一边翻法条一边写作。这一部分不是让大家现场翻法条进行抄写，而是将相关法条的主要内容用自己的语言做一概括即可，其中的技巧在于对法条的核心内容进行概括表述，特别注意关键词（法律专业术语）不能写错。

B. 引用法条的具体序号可以先不写。大家可以先把答案的全部内容写完，然后如果有时间，再去查法条序号，查到后补充到原文中。或者也可以在答案的段尾加上这样的表述："以上分析的法律依据是最高法院2018年《行政诉讼法司法解释》第12条第5项。"

C. 引用法条时如果不能确定具体法律法规名称，可以采用以下方式：

①关于行政处罚的问题："根据《行政处罚法》的规定"。但是如果涉及公安机关的行政处罚问题，就写"根据《治安管理处罚法》的规定"。

②关于行政许可的问题："根据《行政许可法》的规定"。

③关于行政强制的问题："根据《行政强制法》的规定"。

④关于信息公开的问题："根据《政府信息公开条例》的规定"。

⑤关于行政复议的问题："根据《行政复议法》及其实施条例的规定"。

⑥关于行政诉讼的问题："根据《行政诉讼法》及其司法解释的规定"。

⑦关于政府信息公开诉讼的问题："根据《行政诉讼法》及最高法院《关于政府信息公开诉讼案件的司法解释规定》"。

⑧关于行政许可诉讼的问题："根据《行政诉讼法》及最高法院《关于行政许可案件司法解释的规定》"。

⑨关于行政协议诉讼的问题："根据《行政诉讼法》及最高法院《关于行政协议案件司法解释的规定》"。

⑩关于国家赔偿的问题："根据《国家赔偿法》及其司法解释的规定"

第三段："案情分析"（小前提）。这一部分的关键点在于应当将法条与案例的案情结合分析。那么如何体现出是在结合法条与案情进行分析呢？对此一个小技巧是：多引用案例案情中的特有名词。

【注意】如果在答题时发现时间紧张，特别是对于多点式的提问，由于回答的内容比较多，可能会导致回答的时间很紧迫，那么**可以将后两部分的内容合并**，也就是将大前提和小前提合并分析，不过大前提中的法律依据名称应写明。

【示例】

问题——罗某就天山市物价局相关投诉举报答复提起行政诉讼，罗某是否具有该行政诉讼的原告资格？为什么？

回答——

普通答：（第一部分结论）罗某具有行政诉讼的原告资格。

（第二部分大前提）根据《行政诉讼法》及其司法解释的规定，行政行为的相对人及其他与行政行为有利害关系的社会主体，有权提起行政诉讼。同时社会主体为了维护自身合法权益向行政机关投诉，具有处理投诉职责的行政机关作出或未作出处理的，属于与行政行为有利害关系，具有行政诉讼原告资格。

（第三部分小前提）本题案例中，罗某是因为自身在办理手机卡时，被电信公司收取20元卡费而到天山市物价局申诉举报，属于为了维护自身合法权益而进行申诉举报行为。天山市物价局的相关答复中没有对罗某申诉举报的诉求内容进行处理，对罗某产生了实际影响。因此罗某与天山市物价的答复行为具有利害关系，依据上述《行政诉讼法》及最高法院2018年《行政诉讼法司法解释》的规定，具有行政诉讼的原告资格。

简略答：罗某具有行政诉讼的原告资格。根据《行政诉讼法》及其司法解释的规定，行政行为的利害关系人具有行政诉讼的原告资格。罗某是因被电信公司收取20元卡费而向天山市物价局举报，天山市物价局对罗某的答复并未针对其诉求进行实际处理，罗某的合法权益受到了这种答复行为的实际影响，具有利害关系，所以具有行政诉讼的原告资格。

（2）口袋式

口袋式的提问方式由于是直接要求考生回答相关法条的规定，因此对于口袋式的提问方式就没有必要非按照三段论答题回答，只要在回答时将相关法条规定的内容尽可能写全即可，回答的内容可以多一些。同时应写上所依据的法律规范，具体写作方法可以参见上文关于"援引法条的注意事项"。

【示例】

问题——根据我国行政诉讼法的规定，法院附带审查规范性文件的程序是怎样的？

回答——根据《行政诉讼法》及相关司法解释的规定，法院在附带审查规范性文件之后，处理的方式包括：（1）……；（2）……；（3）……"。

（3）理论式

理论式的提问通常是让考生判断行政机关实施的行政行为的法律性质，与上述"单点式"的提问类似，对此也可以采用三段论答题法的方式回答。

【示例】

问题——秦州市政府与清源公司签订的协议属于行政协议还是民事协议？

回答——属于行政协议。根据最高法院《行政协议司法解释》的规定，行政协议是指行政机关为了实现行政管理或者公共服务目标，与公民、法人或者其他组织协商订立的具有行政法上权利义务内容的协议。本案中秦州市政府与清源公司签订的天然气供应专营权协议就属于秦州市政府为了实现为市民供应天然气的公共服务目标，与清远公司签订的协议，其中约定的内容属于行政法上的权利义务内容，所以该协议属于行政协议。"

但是，目前考试中出现的有些行政行为属于尚未被法律规范所定义的行政行为，此时可以将三段论中的大前提替换为行政行为法律性质的内涵。

【示例】

问题——本案中消防支队作出《消防验收备案结果通知》属于什么性质的行政行为？

回答——属于行政确认行为。在行政法学上，行政确认是指行政机关对行政相对人的法律地位、法律关系、法律事实等进行鉴别，并予以认定并宣告的行为。本案中宋城区消防支队作出的《消防验收备案结果通知》是对建筑物消防设施是否合格这一法律事实状态的认定，所以属于行政确认行为。